1162/1999

Herausgegeben vom Auswertungs- und Informationsdienst für Ernährung, Landwirtschaft und Forsten (aid) e.V.
Konstantinstr. 124
53179 Bonn
Internet: http://www.aid.de
E-Mail: aid@aid.de
mit Förderung durch das Bundesministerium für Ernährung, Landwirtschaft und Forsten
Die inhaltliche Gesamtverantwortung liegt – unbeschadet möglicher Kooperationen – allein beim aid.

Text:
Dr. Martin Hommes,
Institut für Pflanzenschutz im Gartenbau der Biologischen Bundesanstalt für Land- und Forstwirtschaft (BBA),
Messeweg 11–12, 38104 Braunschweig;
Prof. Dr. Fred Klingauf, Präsident und Professor, Biologische Bundesanstalt für Land- und Forstwirtschaft (BBA),
Messeweg 11–12, 38104 Braunschweig;
Dr. Gustav-Adolf Langenbruch,
Institut für biologischen Pflanzenschutz der Biologischen Bundesanstalt für Land- und Forstwirtschaft (BBA),
Heinrichstr. 243, 64287 Darmstadt;
Dr. Gerd Crüger, Braunschweig;
unter Mitwirkung von Mitarbeitern des Bundesministeriums für Ernährung, Landwirtschaft und Forsten, der Biologischen Bundesanstalt für Land und Forstwirtschaft (BBA) sowie der Pflanzenschutzdienste der Länder

Redaktion:
Dr. Joachim Engelberth, aid

Bilder:
siehe Seite 57

Layout, Realisation und Druck:
Gebr. Garloff GmbH,
Gröperstr. 14, 39124 Magdeburg

9., überarbeitete Auflage

ISBN 3-89661-779-6

Inhalt

Einführung

Die Pflege eines Gartens bringt besonders dem in der Stadt lebenden Menschen einen gewünschten Ausgleich zur meist naturfernen Tagesarbeit. Gärten dienen aber nicht nur unserer Entspannung und Erholung, sondern sie bringen auch die Natur in die Städte hinein, nahe an unsere Wohnungen heran. Gärten sorgen für die Auffrischung der Luft. Ein Garten kann auch ein wenig zum Artenschutz beitragen und zu einer Quelle von Naturerlebnissen werden. Das gelingt um so mehr, je weniger „steril" der Garten angelegt ist. Wir meinen, daß im Rasen auch einige „Unkräuter" vorkommen und ihn mit ihren Blüten verschönern dürfen.

Gärten dienen unterschiedlichen Wünschen, Interessen und Ansprüchen. So gibt es Zier-, Nutz-, Spiel- oder Hobbygärten, aber auch naturbelassene Gärten. Auch im Garten müssen wir unsere Pflanzen vor Krankheiten und Schädlingen schützen. Ob und wieviel bewußt betriebener Pflanzenschutz erforderlich ist und ob Pflanzenschutzmittel überhaupt angewandt werden sollen, richtet sich nach der jeweiligen Zielsetzung und insbesondere dem Umfang der wirtschaftlichen Nutzung. Gegenüber der landwirtschaftlichen und der erwerbsgärtnerischen Erzeugung bestehen jedoch selbst bei solchen Gärten, die Erträge für Haus und Küche bringen sollen, wichtige Unterschiede:

- Aus Freude am Garten und der Natur allgemein wird auch Handarbeit gern in Kauf genommen.
- Der Anbau im Garten ist unabhängig von Vermarktungsvorschriften; Abstriche an der äußeren Qualität können hingenommen werden.
- Auf Höchsterträge kann verzichtet werden.

So läßt es sich im Garten leichter mit den Schädlingen leben als im Erwerbsanbau.

Vorbeugender Pflanzenschutz

Die Pflanzen- und Tierarten eines Lebensraumes sind in einem engen Beziehungssystem miteinander verbunden. Zu einem solchen **Ökosystem** gehören auch die Schadorganismen an den Kulturpflanzen. Viele von uns als „Schädlinge" bezeichnete Arten sind sogar außerordentlich wichtige Glieder im Naturgeschehen. So befallen Schadinsekten auch Unkräuter und beteiligen sich am Abbau der Pflanzenmasse. Darüber hinaus dienen sie der Ernährung vieler anderer Lebewesen. Der Wunsch nach einer vollkommenen Vernichtung der Schädlinge ist daher nicht sinnvoll und ist im allgemeinen auch kaum zu erreichen.

Bienen und Nützlinge

Als Nutzorganismen bezeichnen wir – abgesehen von Haustieren – einerseits bestäubende Insekten, z.B. die Bienen, die einen großen Nutzen durch Honigproduktion und Befruchtung von Obstblüten erbringen, und andererseits solche Lebewesen – sogenannte **Nützlinge** –, die Schädlinge an unseren Kulturpflanzen vermindern. Je mehr Nützlinge vorhanden sind, um so mehr Schädlinge können geduldet werden, ohne gleich zur Pflanzenschutzspritze greifen zu müssen. Die Schonung dieser natürlichen Gegenspieler ist somit vorbeugender **biologischer Pflanzenschutz.** Mit blühenden Pflanzen als Nektarspendern, durch Schaffung von Schlupfwinkeln und Einschränkung von chemischen Pflanzenschutzmaßnahmen werden die Nutzorganismen unterstützt. Wenn eine Behandlung mit chemischen Mitteln unvermeidlich wird, sind möglichst nützlingsschonende Präparate zu verwenden. Diese sind als solche gekennzeichnet, denn alle zugelassenen Pflanzenschutzmittel haben eine amtliche Prüfung durchlaufen. Ist ein Pflanzenschutzmittel als bienengefährlich gekennzeichnet, dürfen damit keine blühenden Pflanzen (auch keine blühenden Wildkräuter) und keine Pflanzen mit Blattlaushonigtau (wenn diese von Bienen besucht werden) behandelt werden.

Da die Pflanze eine gewisse Anzahl an Schädlingen toleriert, können wir diese den Nützlingen als Nahrung lassen. Erst wenn eine bestimmte Befallsstärke überschritten wird, können Schäden und damit Ernteverluste eintreten. Dies wird seltener der Fall sein, wenn ausreichend Nützlinge vorhanden sind. Im günstigsten Fall verhindern die Nutzorganismen, daß es überhaupt zu Schäden kommt.

Im biologischen Pflanzenschutz kommt es nicht nur darauf an, die natürlichen Begrenzungsfaktoren der Schadorganismen möglichst wenig zu stören, sondern sie vielmehr aktiv zu fördern. Zu den **Helfern im Garten** gehören auch die Vögel, wobei sich besonders die Meisenarten während der unermüdlichen Fütterung ihrer Jungen mit vielerlei Insekten sehr nützlich machen. Durch Anbringen von Nistkästen, Anlage einer Vogeltränke und fachgerechte Winterfütterung kann praktischer Vogelschutz im Garten betrieben werden. Wer einen größeren Garten hat, kann auch Greifvögel durch einen Ansitzbalken anlocken, um so die Mäuse in Grenzen zu halten.

In einem naturnahen Garten lassen sich Verstecke für Igel und Wiesel einplanen (Laub-, Stein- und Reisighaufen). Sie helfen bei der Bekämpfung von Schnecken bzw. Mäusen. Sehr nützlich sind auch **Spitzmäuse** (Bild 1). Sie zählen nicht zu den Nagetieren, wie die Hausmaus und die anderen Mäuse, sondern zu den Insektenfressern und sind an ihrem auffällig langen Rüsselschnäuzchen leicht von Mäusen zu unterscheiden.

1

Auch Kröten, Blindschleichen und Eidechsen sind wichtige Verzehrer von Schnecken und Schadinsekten.

Marienkäfer (Bild 2) und ihre Larven (Bild 4) sind wichtige Blattlausvertilger. Die Eier (Bild 3) werden in Gelegen zu 15 bis 30 bevorzugt in der Nähe von Blattlauskolonien abgelegt. Sie sind anfangs gelb und können mit

2

3

4

den Eigelegen des Großen Kohlweißlings (S. 36) und denen des Kartoffelkäfers (S. 35) leicht verwechselt werden. Nach einigen Tagen färben sich die Eier grau-schwarz, um nach weiteren ein bis zwei Tagen die dunkel gefärbten, sechsbeinigen Larven zu entlassen. Die älteren Larven erreichen je nach Art eine Größe bis zu knapp einem Zentimeter, sie sind meist schiefergrau und tragen helle, gelbliche Flecke. Zur Zeit werden verschiedene Marienkäferarten zur Bekämpfung von Blattläusen sowie von Woll- oder Schmierläusen angeboten.

Die **Florfliege** (Bild 5) aus der Gruppe der Netzflügler hat als erwachsenes Insekt große, reich geäderte Flügel. Die Larven (Bild 6), bei manchen Arten auch die erwachsenen Tiere, leben räuberisch, besonders von Blattläusen. Mit den Saugzangen am Kopf der Larven werden die Beutetiere gepackt und ausgesaugt. Wegen der versteckten Lebensweise bekommt man die bis zu 1 cm großen Larven selten zu sehen. Die Eier (Bild 7) werden einzeln oder in kleinen Gruppen auf Stielen abgelegt, so daß sich die schlüpfenden Larven nicht von den benachbarten Eiern ernähren können. Die erwachsenen

5

6

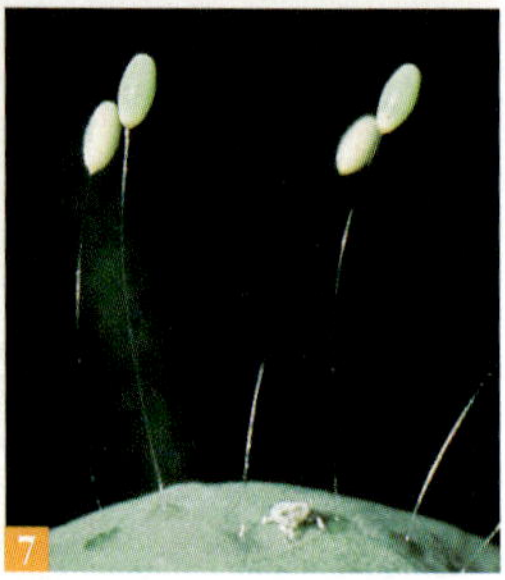
7

Tiere suchen gern Wohngebäude zur Überwinterung auf. Eier und Larven der Florfliege sind zur biologischen Schädlingsbekämpfung im Handel erhältlich.

Schwebfliegen (Bild 8) findet man häufig an Blüten. Sie fallen durch ihre Kunst auf, im Flug wie ein Hubschrauber an einem Punkt stehen zu bleiben. Mit den schwarzen und gelben Querbinden am Hinterleib sind sie den Wespen ähnlich, aber völlig ungefährlich. Die

8

9

10

weißlichen Eier (Bild 9) sind unscheinbar. Sie werden meist einzeln in der Nähe der Beutetiere abgelegt. Die fußlosen Larven (Bild 10) ernähren sich von Blattläusen und sind ebenfalls im Handel erhältlich.

Schlupfwespen (oder Zehrwespen) heißen zahlreiche Arten von nützlichen Insekten aus der Ordnung der Hautflügler (Bilder 11 u. 13). Sie legen ihre Eier mit Hilfe eines Legestachels in Blattläuse, Puppen, Raupen und Eier von Schmetterlingen und anderen Insekten. Die Larven der Schlupfwespen schmarotzen in ihrem Wirt und zehren ihn auf (Bild 12). Die Verpuppung erfolgt je nach Art inner-

11

12

13

14

oder außerhalb des absterbenden Wirts. Einige Schlupfwespen sind zur Bekämpfung von Blattläusen, Weißen Fliegen, Minierfliegen und Schmetterlingsraupen (Parasitierung der Schmetterlingseier) im Handel. Die Bilder 13 u. 14 zeigen die Schlupfwespe *Encarsia* und von ihr parasitierte Nymphen der Gewächshausmottenschildlaus (dunkle Verfärbung).

15

Die 2–3 mm großen, rötlichen Larven (Maden) der **räuberischen Gallmücke** (Bild 15) *Aphidoletes* saugen Spinnmilben und Blattläuse aus. Puppen dieser Gallmücke sind im Handel erhältlich. Wichtige Nützlinge sind ferner zahlreiche räuberisch lebende Wanzenarten, Laufkäfer und vor allem auch Spinnen.

16

Besondere Bedeutung als Nützling kommt den nur 0,5 mm großen **Raubmilben** (Bild 16) zu, da sie sich ausschließlich von den schädlichen Spinnmilben (wegen ihrer Rotfärbung auch Rote Spinne genannt) ernähren. Ihre Bedeutung ist bisher meist erst dann erkannt worden, wenn sie durch Pflanzenschutzmittel ausgeschaltet wurden und es so zu Spinnmilbenplagen im Obst- und Weinbau kam. Nach Umstellung des Pflanzenschutzes auf raubmilbenschonende Mittel erholen sich die Raubmilbenpopulationen wieder und beseitigen das Spinnmilbenproblem. Raubmilben zur Spinnmilben- und auch zur Thripsbekämpfung können käuflich erworben werden.

17

Ohrwürmer können sich durch den Verzehr von Blattläusen und anderen Insekten nützlich machen. Sie ernähren sich daneben aber auch von Pflanzenteilen, so daß sie an einigen Kulturen (z.B. Chrysanthemenblüten) Schäden verursachen können. Zur Ohrwurmförderung in Obstbäumen aufgehängte Blumentöpfe (mit Astberührung, Öffnung nach unten und mit Holzwolle gefüllt) bzw. käufliche „Häuschen“ (Bild 17) sollten darum nicht in der Nähe gefährdeter Pflanzen angebracht werden.

Oft übersehen werden **Krankheiten von Insekten,** die durch Viren, Bakterien, Pilze (Bild 18) u.a. hervorgerufen werden und die meist sehr spezifisch sind, so daß z.T. nur we-

18

nige, sehr eng verwandte Arten von den jeweiligen Krankheitserregern befallen werden können. Für Mensch und Pflanze sind diese Mikroorganismen ungefährlich. Oft kommt es erst dann zum Ausbruch einer Insektenkrankheit, wenn eine hohe Dichte der zu befallenden Schädlingsart vorhanden ist und durch Ansteckung eine Epidemie möglich wird. Einige dieser Insektenkrankheitserreger sind bereits im Handel.

Einzelheiten zum Einsatz der kommerziell angebotenen Nützlinge sind dem aid-Heft 1030 „Biologische Schädlingsbekämpfung" zu entnehmen.

Kulturmaßnahmen und Witterungseinflüsse

Pflanzenschutz darf nicht erst mit dem Auftreten der Schadorganismen beginnen. Schon mit der Auswahl der Kulturen, der Sorten und der Anbaufläche fallen wichtige Entscheidungen über den langfristigen Gesundheitszustand unserer gärtnerischen Kulturpflanzen.

Ein biologisch aktiver, in Struktur, Nährstoff- und Wassergehalt sowie im Säure-Base-Verhältnis (pH-Wert) ausgewogener Boden schafft die Voraussetzung für wüchsige und damit weniger anfällige Pflanzen. Gleichmäßig fließende Nährstoffquellen sind zu bevorzugen. Hier hilft vor allem auch ein gut gepflegter **Komposthaufen.** Er sollte in keinem Garten fehlen. Allerdings können durch Kompost unter Umständen Krankheiten und Schädlinge in die Kulturen eingeschleppt werden. So sollten ausläufertreibende Unkräuter, wie Quecke und Ackerwinde, sowie Boden- und Pflanzenmaterial mit überdauernden Schädlingen und Krankheiten, wie Kohlgallenrüßler, Kohlfliege, Möhrenfliege und Kohlhernie, nicht auf den eigenen Kompost gegeben werden. Sie sollten verbrannt bzw. in den Hausmüll gegeben werden.

Die **Bodenbearbeitung** dient im allgemeinen der Bodenlockerung, der Saat- und Pflanzvorbereitung sowie der Unkrautbekämpfung. Zu häufiges Fräsen kann die Bodenstruktur erheblich verschlechtern. Eine möglichst lange Bedeckung (z.B. durch Mulchen und Anbau von Zwischenfrüchten) des Bodens verbessert das Bodenleben (z.B. Regenwürmer) in den oberen Schichten und damit die Bodenstruktur. Das gleiche ist durch ganzjährigen Anbau von Kulturen zu erreichen. Allerdings kann es unter einer Mulchdecke zu Schäden durch Mäuse kommen.

Zur **Gründüngung** sollten Pflanzen verwendet werden, die in kurzer Zeit viel Pflanzenmasse produzieren, gut in den Boden einzuarbeiten sind und zur Fruchtfolge passen. So sollten zum Beispiel Kreuzblütler, wie Senf und Kohl, nicht aufeinander folgen (s.a. Fruchtwechsel u. Tab. 1). Hülsenfrüchte sind generell vorteilhaft, weil sie bei längerer Kulturdauer zu einer Stickstoffanreicherung des Bodens durch die sie begleitenden Knöllchenbakterien beitragen. Allgemein stellt ein steter Fruchtwechsel auch eine vorbeugende Pflanzenschutzmaßnahme dar, weil damit meist die Entwicklung eines Schadorganismus unterbrochen wird. Die Folgekultur sollte nicht zur gleichen Pflanzenfamilie gehören. Gleiche Kulturen sollen möglichst weit voneinander entfernt angebaut werden. Dieselbe Kultur darf frühestens im dritten Jahr auf derselben Fläche wiederkehren. Bei Kohlhernie-Befall ist eine mindestens 4jährige und bei einem Befall mit Erdbeer-Wurzelnematoden eine 8jährige Anbaupause erforderlich.

Standort dienen. Auch beim Pflanzen von Rosen nach Rosen sollte frischer Boden ins möglichst tief ausgehobene Pflanzloch kommen.

So wie sich bestimmte Pflanzenarten gegenseitig fördern (bzw. hemmen), so werden auch viele Schadorganismen durch den dich-

Tabelle 1:

Zugehörigkeit einiger Gemüse- und Gründüngungspflanzen zu bestimmten Pflanzenfamilien

Kreuzblütler	Kohl, Radies, Rettich, Raps, Senf
Korbblütler	Salat, Endivie, Schwarzwurzel
Nachtschattengewächse	Kartoffel, Tomate, Paprika, Aubergine (Eierfrucht)
Doldenblütler	Möhre, Sellerie, Petersilie, Fenchel, Dill
Gänsefußgewächse	Spinat, Mangold, Rote Bete (Rote Rübe)
Hülsenfrüchte	Bohne, Dicke Bohne, Erbse, Klee, Wicke, Lupine
Kürbisgewächse	Gurke, Kürbis, Melone, Zucchini
Wasserblattgewächse	*Phacelia* (Büschelschön, Bienenweide)

Einige für den Garten wichtige Pflanzenfamilien sind in Tabelle 1 zusammengestellt.

Nachbauschwierigkeiten bei unzureichendem Fruchtwechsel können auf verschiedene Weise entstehen. So können sich vom Boden ausgehende Pflanzenkrankheiten (z.B. Kohlhernie), Schädlinge (z.B. Nematoden) oder Abbauprodukte aus Wurzelrückständen im Boden anreichern und nachgebaute Pflanzen schädigen. Die **Bodenmüdigkeit** im Obstbau, insbesondere im Apfelanbau, beruht vermutlich darauf, daß sich in den Wurzeln bestimmte Bakterien vermehren, die dann die Wurzeln neu gepflanzter Bäume schnell besiedeln und schädigen können. An Stelle von Apfel nach Apfel ist es besser, Birne nach Apfel oder noch besser Steinobst und Kernobst im Wechsel zu pflanzen. Notfalls kann eine große Pflanzgrube mit „jungfräulicher" oder entseuchter Erde gefüllt als

ten Anbau ihrer Wirtspflanzenart (Monokultur) in ihrer Ausbreitung gefördert. Ebenso ist der Zuflug von Schädlingen oft um so größer, je einheitlicher und umfangreicher der Anbau ihrer Nahrungspflanzen ist. Diese Erfahrungen haben zur Anlage von **Mischkulturen** geführt. Zum Beispiel vermindert eine Mischpflanzung von Weißkohl und Salat oder Bohnen den Schädlingsbefall. Ein Mischanbau kann aber andererseits auch zu Mindererträgen führen. Eine geregelte Fruchtfolge ist bei Mischkulturen nur schwer einzuhalten. Tritt trotz Mischkultur ein Schadorganismus massiv auf, so ist dessen Bekämpfung schwieriger als in einer Reinkultur.

Manchmal ist auch die **Nachbarschaft** bestimmter Pflanzen die Ursache für einen Schädlingsbefall. So kommt die Salatwurzellaus nur in der Nähe von Pappeln vor. Die Grüne Pfirsichblattlaus, die sehr viele Kulturen befällt, kann in Gebieten mit Wintertemperaturen unter –12°C nur an Pfirsich, spätblühender Traubenkirsche und *Prunus davidiana* überwintern. Der Birnen-Gitterrost ist an bestimmte Zierwacholder (bes. anfällig ist *Juniperus sabina* [Sadebaum]) und der Johannisbeer-Säulenrost an fünfnadlige Kiefern gebunden.

Zu einem Schädlingsbefall kommt es nur, wenn Schadorganismus und Wirtspflanze in einem geeigneten Entwicklungsstadium (d.h. Termin) zusammentreffen. Wird Kohl bereits Anfang April oder erst Ende Mai gepflanzt, so wird er von der Kohlfliege, deren erste Generation gewöhnlich Ende April bis Mitte Mai fliegt, kaum geschädigt. In Tabelle 2 sind einige Kulturen aufgeführt, bei denen durch bestimmte **Anbautermine** der Schädlingsbefall vermindert werden kann.

Wie der Boden, so beeinflußt auch das **Wetter** sowohl die Pflanzenentwicklung als auch die Schadorganismen. Das bezieht sich nicht nur auf Spät- und Frühfröste, sondern auf den gesamten Temperaturverlauf, die Niederschlagsverteilung, die Luftbewegung und die Häufigkeit extremer Witterung wie Hagelschlag und Gewitter.

Wärmeliebende Kulturen sind z.B. Bohnen, Gurken (erfordern mindestens 12 °C zum Keimen) und Tomaten. Dagegen gedeihen Schwarzwurzeln, Porree, Spinat, Feldsalat, Rosenkohl und Grünkohl auch bei niedrigeren Temperaturen.

Wärme und Trockenheit begünstigen Spinnmilben, Blattläuse, Kohlmotten, Erdraupen und Erdflöhe. Hohe Feuchtigkeit fördert vor allem Krankheiten, wie Schorf, Obstbaumkrebs, Kräuselkrankheit des Pfirsichs, Falschen Mehltau, Kohlhernie, Blattfleckenkrankheit des Selleries, Kraut- und Knollenfäule der Kartoffel und Tomate, Brennfleckenkrankheit der Bohne u.a., aber auch Schnecken.

Ausgesprochen regenempfindlich sind die Falter des Kohlweißlings und junge Eulenraupen (S. 36). Windempfindlich sind einerseits Buschbohnen, Gurken und Kürbisse, andererseits aber auch Kohlweißlinge, Gemüsefliegen und die Kohldrehherzmücke.

Das **Kleinklima** im Gartenbeet wird auch durch Pflanzabstände und Saatstärken beeinflußt. Ein dichter Pflanzenbestand bedingt höhere Luftfeuchte bzw. geringere Luftbewegung und begünstigt somit besonders die Pilzkrankheiten.

Tabelle 2:

Einfluß von Anbauterminen auf den Schädlingsbefall

Kultur	**Schädling**	**günstigster Anbautermin**
Kohl Radies	Kleine Kohlfliege (1. Generation)	Anfang April oder Ende Mai
Winterspinat	Rübenfliege	Ernte bis Mitte Mai
Möhre	Möhrenfliege	Aussaat ab Juli
Dicke Bohnen	Schwarze Bohnenblattlaus	möglichst frühe Aussaat
Bohnen Gurken	Wurzelfliege	Aussaat erst bei genügend erwärmtem Boden, evtl. Ende Mai

Hier konnten nur einige Hinweise gegeben werden, wie sich Boden, Kulturmaßnahmen und Klima auf die Entwicklung unserer Gartenkulturen und auf die Schadorganismen auswirken können. Längere Erfahrungen – auch die der Nachbarn – werden dem Gartenfreund zeigen, welche Kulturen in seinem Garten gedeihen und welche nicht. Den Gründen sollte nachgegangen werden, um eventuell die Ursachen abzustellen oder auf ungeeignete Kulturen zu verzichten.

Durch eine entsprechende **Sortenwahl** kann man auf Boden- und Klimagegebenheiten reagieren. Auch hier gilt, auf Grund eigener Erfahrungen geeignete Sorten zu bevorzugen, aber auch neue zu erproben.

Bei einigen Kulturen gibt es gegen bestimmte Krankheiten resistente oder teilresistente Sorten. Informationen hierüber können für Gemüse der **Beschreibenden Sortenliste** des Bundessortenamtes (Bezug durch: Landbuch Verlagsgesellschaft mbH, Postfach 160, 30001 Hannover) entnommen werden. Der Anbau resistenter Sorten ist im allgemeinen nur dort sinnvoll, wo der entsprechende Schaderreger auch tatsächlich eine große Gefahr darstellt, denn resistente Sorten müssen nicht die ertragreichsten oder die qualitativ besten sein.

Beim Apfel gelten z.B. als anfällig für **Schorf:** Boskoop, Golden Delicious, Goldparmäne; als anfällig für **Mehltau:** Boskoop, Cox Orange, Jonagold, Jonathan, Klarapfel; als anfällig für **Krebs** (vor allem auf nassen Böden): Berlepsch, Cox Orange, Gloster, James Grieve, Klarapfel, Oldenburg und Ontario.

Die Anfälligkeit ist aber teilweise in den einzelnen Anbauregionen verschieden. Das kann durch unterschiedliche Klima- und Bodenverhältnisse sowie durch spezielle Erregertypen bedingt sein. Auch hier sollten die eigenen oder nachbarlichen Erfahrungen ausschlaggebend für einen Anbau sein. Für den Selbstversorger werden – nicht auf nassen Böden – unter anderem die Apfelsorten Berlepsch, James Grieve, Klarapfel und Oldenburg empfohlen. Inzwischen sind schorf- und mehltauresistente Apfelsorten (Pilot, Pinova, Retina u.a.) sowie mehltauresistente Stachelbeersorten (Invicta, Rolonda, Rokula u.a.) im Handel.

Auch bei den Zierpflanzensorten gibt es große Unterschiede in der Anfälligkeit gegenüber Krankheiten. Gegen Mehltau, Sternrußtau und Rost sind z.B. die Rosensorten Königin der Rosen, Lichtkönigin, Muttertag, The Fairy, White Cockade und Sympathie recht widerstandsfähig (s.a. aid-Heft 1229 „Gesunde Rosen“).

Zum vorbeugenden Pflanzenschutz gehört auch die **Hygiene** im Garten (s.a. bei Kompost S. 8). So können zahlreiche Krankheiten und Schädlinge mit dem Saat- oder Pflanzgut eingeschleppt werden (z.B. Viruskrankheiten, Kohlhernie, Johannisbeer-Gallmilbe, Dickmaulrüßler). Deshalb darf beim Kauf von Saat- oder Pflanzgut nicht nur auf den Preis geachtet werden. Bei Obstgehölzen sollten generell nur virusgetestete Edelsorten und Unterlagen verlangt werden.

Kranke oder von Schädlingen befallene Pflanzen oder Pflanzenteile im eigenen Garten sollten entweder unverzüglich verwertet oder sofort beseitigt werden, um eine Ausbreitung von Schadorganismen zu verhindern. Kranke oder auch verdächtige Pflanzen sollten stets zum Schluß bearbeitet werden, um keine Erreger zu verschleppen. So kann durch Schnittwerkzeuge, wenn sie nicht desinfiziert werden, Obstbaumkrebs verbreitet werden; dies gilt auch für Feuerbrand und einige Viruskrankheiten.

Bekämpfungsmaßnahmen

Die Kulturpflanzen seines Gartens sollte der Gartenfreund möglichst oft auf Schädlingsbefall kontrollieren. Um wirksame, aber unbedenkliche und umweltfreundliche Verfahren anwenden zu können, müssen Schädlinge und ihre Gegenspieler frühzeitig und richtig angesprochen werden. Einschlägige Fachbücher sind hierfür im Handel erhältlich (S. 59), und im Einzelfall wird auch der Pflanzenschutzberater des amtlichen Dienstes weiterhelfen. Für bestimmte Schadorganismen besteht Melde- und Bekämpfungspflicht. Einzelheiten hierzu ab S. 20 (Krankheiten und Schädlinge).

Bevor chemische Pflanzenschutzmittel zur Bekämpfung angewandt werden, ist immer erst zu klären, ob der Schädling so stark auftritt, daß eine erhebliche Ertrags- oder Qualitätsminderung zu befürchten ist und diese durch die Anwendung von Pflanzenschutzmitteln auch wirksam verhindert werden kann (Schadensschwelle).

Physikalische Verfahren

Die ältesten Methoden der Schädlingsbekämpfung sind das **Absammeln** (Raupen, Kartoffelkäfer, Schnecken) oder mechanische Vernichten der Schaderreger (Zerdrücken von Schmetterlingseiern oder Blattläusen). Dies erscheint manchmal mühsam, hat aber im Garten nach wie vor Bedeutung. Dazu gehört auch das Aufsammeln vorzeitig abgefallener Äpfel (Apfelwickler), Pflaumen (grün: Pflaumensägewespe; blau: Pflaumenwickler) oder Haselnüsse (Haselnußbohrer).

Eine andere Möglichkeit besteht im Fernhalten der Schädlinge durch Netze. Altbekannt sind dazu die **Netze** im Obstbau und Weinbau zur Abwehr von Vögeln (S. 31). Engmaschige Netze oder Vliese haben sich in den letzten Jahren auch bewährt, um verschiedene Gemüseschädlinge abzuhalten, wie Kohlfliege, Möhrenfliege, Zwiebelfliege, Lauchmotte u. a. Dazu sind die Netze rechtzeitig, am besten gleich nach der Saat oder Pflanzung aufzulegen und seitlich durch Anhäufeln von Erde völlig abzudichten. Auf diese Weise werden die Kulturen gleichzeitig vor zuwandernden Schnecken, Fraß durch Vögel, Hasen u. a. geschützt. Um das Wachstum der Pflanzen nicht zu beeinträchtigen, sollten die Netze nur lose aufliegen oder unterbaut werden. Bei Vliesen kann es im Hochsommer unter Umständen zu einem Hitzestau kommen, so daß die Pflanzen beeinträchtigt werden. Vliese halten meist nur ein Jahr, Netze können über viele Jahre eingesetzt werden.

Gegen Wühlmäuse können junge Obstbäume und Blumenzwiebeln geschützt werden, indem man das Pflanzloch mit **Drahtgeflecht** (16 mm Maschenweite) auskleidet. Bei Bäumen ist allerdings das Wurzelwachstum zu berücksichtigen. Die Pflanzgrube muß entsprechend groß bemessen sein, und das Drahtgeflecht wird an der Bodenoberfläche bis zum Stamm hingeführt.

Ein weiteres Verfahren, um die Schädlinge auszuschließen, sind **Leimringe,** die im Herbst gegen die Frostspanner um die Obstbaumstämme gelegt werden (S. 30). Gleichzeitig wird damit verhindert, daß Ameisen an den Stämmen hochkrabbeln und Blattlausfeinde vertreiben.

Zu den physikalischen Bekämpfungsverfahren sind auch die **vibrations- und schallerzeugenden Geräte** zu rechnen. Einfache Schallquellen zur Vogelabwehr wirken aber meist nur wenige Tage, da die Tiere sich bald daran gewöhnt haben. Alle bisher getesteten Geräte zur Wühlmausvertreibung waren absolut unwirksam.

Biotechnische Verfahren

Neben den rein physikalischen Verfahren und den Nutzorganismen können auch natürliche, chemische und physikalische Reize, die in der Entwicklung der Schädlinge, bei ihrer Nahrungssuche, ihrer Partnerwahl oder bei anderen Prozessen eine Rolle spielen, zur Schädlingsbekämpfung genutzt werden. Einige biotechnische Verfahren bedienen sich der Lockwirkung von Farbtönen auf schädliche Insekten. Mit Hilfe von gelb angestrichenen und wassergefüllten Schalen (Moericke-Schalen) oder **gelben Leimtafeln** kann man bei einigen Blattlausarten die Lockwirkung der natürlichen Pflanze übertreffen, so daß sich die anfliegenden Tiere im Wasser oder an den Tafeln fangen. Dieses Verfahren wird im Warndienst auch zur Feststellung des Blattlausfluges genutzt.

Zur Bekämpfung der Weißen Fliege im Gewächshaus können ebenfalls gelbe Klebefallen eingesetzt werden. Häufiges Bewegen der Pflanzen sorgt dafür, daß die erwachsenen Tiere auffliegen und die Fallen ansteuern. **Blaue Leimtafeln** haben sich zur Bekämpfung von Blütenthripsen bewährt. Trauermücken kann man auf die gleiche Weise oder in gelben Wasserschalen fangen. Zur Bekämpfung der Kirschfruchtfliege haben sich im Handel erhältliche gelbe (Bild 19) sowie zur Prognose und Bekämpfung von Sägewespen weiße Leimtafeln bewährt.

19

19a

Der Einsatz von **Lockstoffen und Ködern** gehört ebenfalls zu den biotechnischen Verfahren. Die Lockwirkung bestimmter Substanzen wird z.B. bei der Bierfalle (Bild 19a) für Schnecken praktisch angewendet. Bei der Mischkultur macht man indirekt von den abschreckenden und befallshemmenden Eigenschaften bestimmter Pflanzen Gebrauch.

Sehr bewährt haben sich **Pheromon-Fallen** (Bild 20), die mit dem weiblichen Sexuallockstoff bestimmter Schädlinge (Sexualpheromon) beködert werden. Im Handel gibt es Fallen für Apfelwickler, Fruchtschalenwickler, Pflaumenwickler und Traubenwickler, mit denen jeweils die männlichen Falter angelockt und gefangen werden können. Eine direkte Bekämpfung der Schadorganismen ist jedoch mit diesen Fallen nicht durchzuführen, sondern es wird mit ihnen in erster Linie festgestellt, ob und wann der Schädling im Garten fliegt. Erforderliche Gegenmaßnahmen können dann gezielt eingeleitet werden.

20

Neuerdings werden Pheromone auch zur indirekten Bekämpfung (Verwirrungsmethode) eingesetzt. Bei diesem Verfahren werden so viele Pheromonquellen in einem Bestand verteilt, daß die Männchen nicht mehr in der Lage sind, die Weibchen zu finden. Diese bleiben daraufhin unbegattet und legen nur noch sterile Eier ab aus denen keine Raupen schlüpfen. Im erwerbsmäßigen Obst- und Weinbau wird die Verwirrungsmethode bereits in größerem Umfang mit gutem Erfolg gegen verschiedene Schadschmetterlinge angewandt. In geschlossenen Kleingartenanlagen könnte diese Technik gegen Apfel- und Schalenwickler ebenfalls eingesetzt werden, wenn die Maßnahme auf der ganzen Fläche durchgeführt wird und das Areal mindestens 1–2 ha groß ist. Ein weiteres Verfahren mit der Bezeichnung „Attract and kill" zur Bekämpfung des Apfelwicklers befindet sich zur Zeit in der Entwicklung. Bei dieser Methode wird dem Köder ein chemisches Insektizid beigemischt, daß die männlichen Falter gleich nach Aufsuchen der Lockstoffquelle abtötet und somit ebenfalls eine Begattung der Weibchen verhindert.

Biologische Bekämpfung

Der Einsatz biologischer Bekämpfungsverfahren ist in der Regel unbedenklich für uns und die Umwelt. So wurden zur Bekämpfung der San-José-Schildlaus und der Blutlaus zwei Schlupfwespenarten eingebürgert. Seit kurzem sind zur biologischen Bekämpfung von Apfel-, Fruchtschalen- und Pflaumenwicklern verschiedene *Trichogramma*-Schlupfwespen im Handel erhältlich. Im Gewächshaus lassen sich Weiße Fliegen, Minierfliegen, Spinnmilben und Thripse durch eine rechtzeitige Freilassung von Schlupfwespen bzw. Raubmilben unter Kontrolle halten. Gegen Blattläuse können Schlupfwespen, Gallmücken und Florfliegen freigelassen werden. Darüber hinaus stehen eine spezielle Marienkäferart zur Bekämpfung von Woll- und Schmierläusen im Gewächshaus und Wohnbereich, eine Schlupfwespenart zur Bekämpfung von Schildläusen sowie verschiedene Raubwanzenarten zur Bekämpfung von Thripsen und Blattläusen zur Verfügung.

Tabelle 3:

Einige Einsatzmöglichkeiten von *Bacillus-thuringiensis*-Präparaten

Kultur	Schädling
Obstbau Ziergehölze	Frostspanner Ringelspinner Goldafter Schwammspinner Gespinstmotten Knospenwickler (Obstbau)
Weinbau	Traubenwickler
Kohl	Kohlmotte Kohlweißlinge Kohlzünsler Kohleule
Kartoffeln	Kartoffelkäfer

Zur Bekämpfung von versteckt bzw. im Boden lebenden Larven des Dickmaulrüßlers sowie gegen Trauermückenlarven können nützliche Nematoden erworben werden (Einzelheiten und Bezugsquellen im aid-Heft 1030 „Biologische Schädlingsbekämpfung" oder bei Pflanzenschutzdienst erfragen).

Schmetterlingsraupen sind mit den amtlich geprüften und zugelassenen *Bacillus-thuringiensis*-Präparaten zu bekämpfen. Die Raupen sollten dazu noch klein sein, und die Temperaturen müssen mindestens zeitweise 15 °C betragen. Die Mittel müssen so angewendet werden, daß sie von den Raupen beim Fraß aufgenommen werden. Nach etwa einem Tag setzt dann ein Fraßstopp ein, die Tiere sterben nach 4–7 Tagen. Einzelne Produkte wirken auch gegen Eulenraupen. Gegen versteckt fressende Raupen (Apfelwickler, Schalenwickler, Pflaumenwickler) ist die Wirkung unzureichend. Tabelle 3 zeigt, gegen welche Schädlinge eine ausreichende Wirkung der

Bacillus-thuringiensis-Präparate zu erwarten ist. Bei diesen Präparaten ist keine Wartezeit erforderlich. Gegen die Larven von Stechmücken und Kartoffelkäfern wirken jeweils andere im Handel erhältliche Unterarten von *Bacillus thuringiensis*.

Zur Reduzierung des Apfelwicklers (Obstmade) und des Schalenwicklers stehen sehr spezifisch wirkende Granuloseviren zur Verfügung.

Auch zu diesen mikrobiologischen Verfahren sind Einzelheiten dem aid-Heft 1030 „Biologische Schädlingsbekämpfung“ zu entnehmen.

Kräuterzubereitungen und natürliche Insektizide

In allen Schriften zum biologischen Gärtnern finden sich Empfehlungen und Anleitungen zum Einsatz von Kräuterzubereitungen als Pflanzenschutzmittel. Sie werden wegen der Düngewirkung, wegen ihrer günstigen Wirkung auf die Widerstandskraft der Pflanzen oder auch zur direkten Bekämpfung von Schädlingen und Krankheiten empfohlen.

Die verwendeten **Tees** werden durch Einweichen frischer oder getrockneter Kräuter in heißem Wasser, worin sie 24 Stunden verbleiben, hergestellt. **Brühen** werden ebenso angesetzt und nach Ablauf von 24 Stunden auf kleinem Feuer 20 Minuten lang gekocht, dann zugedeckt zum Abkühlen abgestellt. Zur Herstellung vergorener **Jauchen** als flüssige Dünger und zur Pflanzenpflege werden grüne Pflanzenteile in ein Holz- oder Plastikfaß gefüllt und so viel Wasser – möglichst Regenwasser – darüber gegossen, daß sie bedeckt sind. Täglich muß mindestens einmal durchgerührt werden, um Sauerstoff zuzuführen. Nach etwa zwei Wochen, wenn die Jauche nicht mehr schäumt, kann sie eingesetzt werden. Meist wird die Jauche im Verhältnis 1:10 mit Wasser verdünnt, aber auch bei dieser Verdünnung besteht noch Verätzungsgefahr für die Pflanzen, so daß sie in der Regel nur auf den Boden und nicht auf die Pflanze selbst ausgebracht werden darf. Neben Tee, Brühe und Jauche werden von einigen Pflanzen auch **Auszüge** (Extrakte) empfohlen, wie z. B. von Adlerfarn gegen Blattläuse. Einzelne sind als Pflanzenstärkungsmittel im Handel.

Hier einige Beispiele von Jauchen, Tees, Brühen und Auszügen gegen verschiedene Schadorganismen:

- Brennessel: Jauche zur Düngung und Stärkung
- Rainfarn: Tee, Brühe gegen Mehltau, Rost, verschiedene Milben
- Wurm- und Adlerfarn: Jauche, Brühe gegen Blattläuse
- Schachtelhalm: Jauche, Brühe gegen Mehltau, Rost, Schorf
- Knoblauch und Zwiebel: Jauche gegen Pilzkrankheiten
- Tomaten: Auszug gegen Kohlweißlinge
- Sachalin-Staudenknöterich: Auszug vorbeugend gegen Echte Mehltaupilze.

Nur für einige dieser und ähnlicher Rezepturen liegen wissenschaftliche Erkenntnisse zur Wirkung vor. Doch ist von vielen der benutzten Pflanzen bekannt, daß sie über insektenabweisende oder toxische Inhaltsstoffe verfügen. Sie sind Ursache dafür, daß Schädlinge und Krankheitserreger aus der Fülle der Pflanzenarten nur jeweils wenige befallen. Deshalb versprechen vor allem Pflanzenauszüge aus auffällig gering anfälligen Pflanzenarten Erfolge bei der Schädlingsbekämpfung.

Die Mehrzahl solcher Extrakte hat jedoch nur eine geringe pflanzenschützende Wirkung. Eine Ausnahme bilden wegen ihrer durchschlagenden Wirkung die **Pyrethrum-Präparate**, die zu den amtlich geprüften Pflanzenschutzmitteln zählen. Das Pyrethrum wird aus den Blüten bestimmter Chrysanthemen-Arten gewonnen. Es hat eine gute Wirkung gegen saugende und beißende Insekten. Wichtige Wirkstoffe im Pyrethrum heißen Pyrethrine und dürfen nicht mit den Pyrethroiden, die synthetisch hergestellt werden, verwechselt werden.

Weitere gegen Insekten wirksame Inhaltsstoffe sind unter anderem in Bitterholz (Quassia), in tropischen Leguminosen (Derris, Rotenon) und in den Samen des Neem-Baumes *(Azadirachta indica)* enthalten.

Der Vorteil der Naturstoffe liegt in ihrem raschen Abbau. Doch sollten auch Naturstoffe nur sparsam und gezielt im Pflanzenschutz eingesetzt werden, da sie ebenfalls Nützlinge schädigen können (z. T. bienengefährlich, fischgiftig).

Chemische Bekämpfung

Chemische Pflanzenschutzmittel, bei denen immer ein gewisses Risiko des Verbleibens auf und in der Pflanze besteht, sollten grundsätzlich erst dann eingesetzt werden, wenn alle anderen bisher genannten Bekämpfungsmöglichkeiten ausgeschöpft sind. Das gilt besonders auch für den Garten, da hier sehr viele Kulturen neben- und untereinander stehen, so daß eine Abtrift auf Nachbarkulturen kaum zu vermeiden und die Einhaltung der vorgeschriebenen Wartezeit zwischen der letzten Anwendung und der Ernte sehr erschwert ist.

Tabelle 4a:

Auswahl bestimmter Wirkstoffe gegen Pilzkrankheiten für die Anwendung im Garten mit Hinweisen auf den Wirkungsbereich

(Aktuelle Zulassungssituation beachten!)

Bitertanol	Gegen Echte Mehltaupilze und Rostpilze an Zierpflanzen; Sternrußtau an Rosen; Monila-Spitzendürre sowie Schorf
Dichlofluanid	Insbesondere gegen Kraut- und Braunfäule der Tomate, Grauschimmel an Erd-, Him-, Brombeeren, Kopfsalat, Tomaten und Zierpflanzen; Blattfallkrankheit der Johannisbeere; Kräuselkrankheit des Pfirsichs; Echte Mehltaupilze sowie Schorf
Fenarimol	Gegen Echte Mehltaupilze und Rostpilze an Zierpflanzen sowie Sternrußtau an Rosen
Lecithin	Gegen Echte Mehltaupilze an Gurken und Zierpflanzen
Metiram	Insbesondere gegen Kraut- und Knollenfäule der Kartoffel; Kraut- und Braunfäule der Tomate; Säulenrost der Johannisbeere; Falsche Mehltaupilze an Zierpflanzen und Kopfsalat sowie Auflaufkrankheiten bei Jungpflanzen
Propineb	Gegen Kraut- und Knollenfäule der Kartoffel, Kraut- und Braunfäule der Tomate, Blattfleckenkrankheit an Knollensellerie sowie Schorf
Triforin	Insbesondere gegen Schorf, Echte Mehltaupilze, Monilia-Spitzendürre, Sternrußtau und Rostpilze

Tabelle 4b:

Auswahl bestimmter Wirkstoffe gegen Schädlinge für die Anwendung im Garten mit Hinweisen auf den Wirkungsbereich

(Aktuelle Zulassungssituation beachten!)

Bacillus thuringiensis	Biologisches Pflanzenschutzmittel. Im Handel sind Präparate mit verschiedenen Stämmen erhältlich. Die meisten Bakterienstämme wirken gegen Schmetterlingsraupen, Stämme der Unterart *aizawai* auch gegen Eulenraupen. Ein Stamm der Unterart *tenebrionis* wirkt gegen Kartoffelkäferlarven und eine weitere Unterart *israelensis* kann gegen Stechmückenlarven eingesetzt werden.
Eisen-III-phosphat	Neuer Wirkstoff gegen Nacktschnecken im Köderverfahren, zwischen den Pflanzen ausbringen
Granuloseviren	Sehr spezifische biologische Pflanzenschutzmittel. Ein Virus wirkt nur gegen Larven (Raupen) des Apfelwicklers ein anderes nur gegen Fruchtschalenwickler
Kali Seife	Gegen Spinnmilben an Zierpflanzen, gegen bestimmte saugende Insekten an Zierpflanzen und Gemüse sowie im Obstbau (ausgenommen Erdbeeren)
Metarhizium anisopliae	Biologisches Pflanzenschutzmittel. Insektenpathogener Pilz gegen Eier und Larven des Dickmaulrüßlers sowie gegen Wurzelspinnerraupen (Präparat zur Zeit nicht im Handel)
Mineralöl	Spezielle Mineralölform gegen Schildläuse und Spinnmilben (Wintereier) zur Minderung des Frühbefalls an Kern-, Stein- und Beerenobst (ausgenommen Erdbeeren) sowie Ziergehölzen und Zierpflanzen
Pyrethrine + Piperonylbutoxid	Gegen beißende und saugende Insekten sowie Spinnmilben; viele Präparate mit unterschiedlichen Anwendungsgebieten im Handel
Pirimicarb	Gegen Blattläuse an mehreren Gemüsekulturen, Kernobst, Kirschen und Zierpflanzen
Rapsöl	Gegen Spinnmilben an Bohnen, Äpfeln, Zwetschen und Zierpflanzen; Schildläuse an Zwetschen und Zierpflanzen; Blattläuse und Weiße Fliege an Zierpflanzen
Warfarin	Gegen die Schermaus; die offene Ausbringung/Auslegung ist verboten

Unbedingt muß die Gebrauchsanleitung mit ihren vielfältigen Auflagen strikt eingehalten werden. Die Mittel müssen so aufbewahrt werden, daß Unglücksfälle und Mißbrauch ausgeschlossen sind. Sie gehören in einen besonderen Raum oder zumindest in einen eigenen Schrank, der abschließbar ist und von Kindern nicht geöffnet werden kann. Niemals sollten Pflanzenschutzmittel aus ihren Originalbehältern in Wein-, Bier- oder andere Getränkeflaschen umgefüllt werden. Reste der Spritzflüssigkeit oder des Präparates sowie das zum Reinigen der Geräte verwendete Wasser umweltschonend beseitigen, nicht in Gewässer, Gräben oder Kanalisation gelangen lassen (s. aid-Heft 1213 „Pflanzenschutzgeräte für den Haus- und Kleingarten“).

Während des Hantierens mit Pflanzenschutzmitteln müssen Kinder und Haustiere ferngehalten werden. Ebenso ist dabei das Essen, Trinken und Rauchen zu unterlassen. Hautberührungen oder Einatmen von Präparaten, Spritzflüssigkeit und Stäuben sollten unbedingt vermieden werden. Die Ausbringung sollte, um sich nicht selbst zu gefährden und um Abtrift auf Nachbarkulturen zu vermeiden, nur bei Windstille geschehen. Die zur Ausbringung von Pflanzenschutzmitteln benötigten Spritz- und Sprühgeräte sollten den Unfallverhütungsvorschriften entsprechen und von der Biologischen Bundesanstalt für Land- und Forstwirtschaft geprüft und anerkannt sein.

Nach der Ausbringung sind Schutzkleidung und alle verwendeten Geräte sorgfältig zu reinigen und zu warten. Sie dürfen nur für Pflanzenschutzzwecke verwendet werden (s. aid-Heft 1042 „Vorsicht beim Umgang mit Pflanzenschutz- und Schädlingsbekämpfungsmitteln“).

Für den Einsatz im Garten sind nur für den betreffenden Anwendungsbereich amtlich geprüfte und zugelassene Pflanzenschutzmittel zu verwenden. Nach der Neufassung des Pflanzenschutzgesetzes vom 14. Mai 1998, das am 1. Juli 1998 in Kraft getreten ist, werden an Pflanzenschutzmittel und deren Verpackungen, die für den Haus- und Kleingarten-Bereich vorgesehen sind, besondere Anforderungen gestellt. So sind Pflanzenschutzmittel mit der Kennzeichnung sehr giftig (T+) und ätzend (C) grundsätzlich nicht mehr für eine Anwendung im Haus- und Kleingarten-Bereich geeignet. Pflanzenschutzmittel, die nach der Gefahrstoffverordnung als giftig (T), gesundheitsschädlich (Xn) oder reizend (Xi) einzustufen sind, können nur noch nach einer Einzelfallprüfung für den Haus- und Kleingarten-Bereich zugelassen werden, wenn sichergestellt wird, daß durch die Verpackung und Anwendeform eine Gefährdung von Mensch, Tier Naturhaushalt und Grundwasser ausgeschlossen wird. Darüber hinaus werden auch an die Dosierfähigkeit und die Verpackungsgröße besondere Anforderungen gestellt. So darf z. B. in Zukunft der Inhalt einer Verpackung nur für die Behandlung einer Fläche von bis zu 500 m^2 ausreichen. Außerdem dürfen Pflanzenschutzmittel, die nach dem 1. Juli 1998 zugelassen worden sind, ab dem 1. Juli 1999 nur noch im Haus- und Kleingarten-Bereich angewendet werden, wenn sie mit der Kennzeichnung „Anwendung im Haus- und Kleingartenbereich zulässig“ versehen sind. Nach einer Übergangsregelung gilt diese Kennzeichnungspflicht ab dem 1. Juli 2001 für alle Pflanzenschutzmittel. Darüber hinaus sollten für den Garten in Kleinpackungen angebotene Präparate ausgewählt werden, die folgende Gesichtspunkte erfüllen:

- möglichst kurze Wartezeit für möglichst viele Kulturen, da im Garten viele Pflanzenarten, die kurzfristig zum Verzehr bestimmt sind, von der Abtrift getroffen werden können;
- möglichst selektiv, d.h. nur gegen einen bestimmten Schädling wirksam und nicht gegen andere Lebewesen, wie Bienen, Fische und Nützlinge.

Leider gibt es bei den Insektenbekämpfungsmitteln – abgesehen von den oben ge-

nannten *Bacillus-thuringiensis*- und Granulosevirus-Produkten, den Kali-Seifen-Präparaten und bestimmten pflanzlichen Ölen – kein Mittel, das alle diese Forderungen erfüllt. So sind z. B. bei der Selektivität zur Zeit noch erhebliche Abstriche zu machen.

Ist trotz Ausschöpfung aller anderen Bekämpfungsalternativen eine deutliche Ertrags- oder Qualitätsminderung zu befürchten, so können vorzugsweise Präparate mit in den Tabellen 4a und 4b genannten Wirkstoffen eingesetzt werden. Die entsprechenden Pflanzenschutzmittel sind in der Regel im Handel erhältlich. Der Wirkstoffname ist auf der Verpackung angegeben. Im Zweifelsfall können die amtlichen Pflanzenschutzdienststellen Auskunft geben (Anschriften S. 58–59). Im Bundesland Baden-Württemberg ist im Garten nur der Einsatz derjenigen Pflanzenschutzmittel erlaubt, die auf einer vom Ministerium für Ländlichen Raum, Ernährung, Landwirtschaft und Forsten herausgegebenen Positivliste verzeichnet sind. Von den hier genannten Wirkstoffen stehen zur Zeit auf dieser Liste einzelne Produkte auf der Basis von Bitertanol, Dichlofluanid, Fenarimol, Imazalil, Iprodion, Kupferoxychlorid, Lecithin, Schwefel, Thiabendazol, Triforin, Apfelwickler-Granulosevirus, *Bacillus thuringiensis,* Kali-Seife, Metaldehyd, Mineralöl, Pyrethrine + Piperonylbutoxid, Pirimicarb sowie Rapsöl.

Auf Unkrautvernichtungsmittel (Herbizide) sollte im Garten grundsätzlich verzichtet werden. In einigen Bundesländern ist ihre Anwendung generell untersagt und nur mit einer Ausnahmegenehmigung möglich.

Im folgenden finden Sie eine Auflistung verschiedener Krankheiten und Schädlinge sowie Schadbilder und Maßnahmen zur Bekämpfung.

Pilzkrankheiten

Pilzkrankheiten

Schadbild: Je nach Erreger Flecken oder Fäulnis an Sproßteilen. Mißbildungen am Sproß oder an den Wurzeln. Vielfach auf den Pflanzen ein Sporenbelag (weiß, grün, braun, bläulich oder schwarz).

Hinweise: Die Erreger (Pilze) leben in oder auf den Pflanzen. Feuchte Witterung begünstigt vielfach ihr Auftreten. Pilze schädigen an Wurzeln, Blättern, Stengeln, Zweigen, Blüten und Früchten. Sie breiten sich vornehmlich durch Sporen aus, die meist mit dem Wind verbreitet werden. Manche Pilze können im Boden viele Jahre überdauern.

Gegenmaßnahmen: Für schnell abtrocknende Bestände sorgen, daher nicht zu eng pflanzen. Bäume und Sträucher auslichten. Gesundes Saat- und Pflanzgut verwenden. Übermäßige Düngung – vor allem mit Stickstoff – vermeiden.

Keimlingskrankheiten

Schadbild: Saat läuft ungleichmäßig auf. Keimlinge kippen um, sterben ab und sind am Stengelgrund schwarz.

Hinweise: Verschiedene Pilze kommen als Erreger in Frage. Meist überdauern sie im Boden oder werden mit dem Saatgut eingeschleppt.

Gegenmaßnahmen: Durch geeignete Sätechnik – nicht zu früh in noch zu kalten Boden oder zu tief säen – für schnelles Auflaufen sorgen. Der Samen muß Bodenschluß haben. Gebeiztes Saatgut verwenden oder selbst mit z. B. Metiram (Tab. 4a) beizen.

Falsche Mehltaupilze

Schadbild: Blätter, Früchte und Knollen der verschiedensten Gartengewächse (Tomate, Salat, Rose, Erdbeere, Kartoffel) zeigen Flecke und Fäulnis. Blattflecke oberseits gelblich erscheinend, unterseits mit einem weißen Pilzgeflecht und Sporenbelag.
Hinweise: Gefährdet sind die Kulturen durch Falsche Mehltaupilze vor allem bei kühler und feuchter Witterung.
Gegenmaßnahmen: Für schnelles Abtrocknen der Pflanzen sorgen, daher nicht zu dicht säen oder pflanzen. Sträucher rechtzeitig auslichten. In Frühbeetkästen und Gewächshäusern reichlich lüften.

Echte Mehltaupilze

Schadbild: Mehlartiger Belag, vor allem an Gurke, Apfel, Beerenobst, Rose und Stauden. Blattbefall vornehmlich blattoberseits.
Hinweise: Echte Mehltaupilze vermehren sich vor allem bei sonniger, warmer Witterung mit nächtlicher Taubildung.
Gegenmaßnahmen: Sortenunterschiede in der Anfälligkeit nutzen. Häufiges Benetzen der Blätter mildert den Schaden. Siehe auch unter Gurke, Apfel, Stachelbeere und Rosen.

28

Blattfleckenpilze

Schadbild: Sehr verschiedenartige Blattflecke werden an Gartenpflanzen angetroffen. Oft folgt auf die Blattflecke Blattfall.

Hinweise: Vielfach hält sich der durch Blattfleckenpilze verursachte Schaden in Grenzen.

Gegenmaßnahmen: Gesundes Saatgut verwenden. Oftmals kann eine Ausbreitung durch frühzeitiges Beseitigen von Befallsherden verhindert werden.

29

30

Rostpilze

Schadbild: Stark stäubende rostbraune Sporenmassen an Blättern oder anderen Pflanzenteilen meist in pustelartigen Sporenlagern (z.B. an Schnittlauch, Porree, Rosen, Malven, Pflaumen).

Hinweise: Rostpilze leben häufig im Wirtswechsel mit anderen Nutz- oder Wildpflanzen. Durch einen Fachmann muß geklärt werden, ob es möglich ist, durch Ausschalten dieser Infektionsquellen weiteren Schaden zu verhindern.

Gegenmaßnahmen: Ausschaltung der Zwischenwirte. Sortenunterschiede in der Anfälligkeit nutzen. Befallene Pflanzenteile beseitigen, um ein Überwintern des Pilzes zu verhindern.

Grauschimmel, Fäulnispilze

Schadbild: Fäulnis an Blättern, Stengeln, Früchten und Wurzeln. Häufig mit grauem, stäubendem Sporenbelag.
Hinweise: Neben dem Grauschimmelpilz *(Botrytis)* treten bei kühler und feuchter Witterung noch weitere Fäulniserreger auf.
Gegenmaßnahmen: Für schnelles Abtrocknen der Pflanzen sorgen. Erste Faulstellen beseitigen. Vor allem bei der Ernte angefaulte Pflanzenteile aussondern. (Siehe auch bei Beerenobst, S. 47)

Viruskrankheiten

Schadbild: Wachstumsstörungen verbunden mit mosaikartiger Scheckung von Blättern sowie Mißbildungen und Absterbeerscheinungen an Blättern, Trieben, Früchten und Wurzeln.
Hinweise: Die Erreger (Viren) sind auf eine Pflanzenart spezialisiert oder kommen auf mehreren Arten vor. Viren werden u.a. durch den Pflanzensaft, bei Berührung, durch Insekten (vor allem Blattläuse) und bei vegetativer Vermehrung (Ausläufer, Steckholz, Pfropfung) übertragen.
Gegenmaßnahmen: Pflanzgut von Kartoffeln und Erdbeeren, Obst- und Ziergehölzen sowie Stauden und Zwiebelgewächsen nur von überwachten Vermehrungsbetrieben beschaffen. Bei Gemüse bevorzugt virusresistente Sorten (besonders bei Gurken, Salat, Tomaten und Bohnen) anbauen.

Schädlinge

Schnecken

Schadbild: Sehr viele Gemüse- und Zierpflanzen sowie Erdbeeren werden befressen. Schleimspuren. (Schneckeneier Bild 35)

Hinweise: Weinbergschnecke geschützt!

Gegenmaßnahmen: Von Pflanzen absammeln und aus Schlupfwinkeln (z.B. unter Brettern) entfernen. Natürliche Feinde fördern: Kröten, Grasfrosch, Amsel, Igel, Maulwurf, Spitzmaus, Blindschleichen, Laufkäfer, Leuchtkäfer-Larven u.a. Schneckenfallen: flache Schale mit Bier. Schneckenzaun: verzinktes, glattes Blech, 30 cm tief im Boden und 25 cm über dem Boden rechtwinklig um- und zurückgebogen. Noppenbesetzte Kunststoffzäune helfen nicht ausreichend. Elektrozäune sind sehr wirksam, aber teuer. Schutzstreifen (50 cm breit): Trockenen Branntkalk streuen (nicht auf die Pflanzen!), ähnlich auch Spreu, Fichtennadeln, feiner Sand, solange sie trocken sind. Auch Granulate mit ätherischen Ölen sind zur Abschreckung im Handel, aber nur bedingt wirksam. Schnecken und ihre Eier nicht mit Kompost verbreiten. Sofern alle diese Maßnahmen nicht ausreichen, Schneckenkorn mit dem Wirkstoff Eisen-III-phoshat zwischen die Pflanzen streuen (Tab. 4b).

Spinnmilben (Rote Spinne)

Schadbild: Blätter mit sehr kleinen hellen Flecken, verursacht durch die blattunterseits in feinen Gespinsten lebenden, sehr kleinen hellgrünen oder rötlichen Milben. Verschiedene Arten an Obstbäumen, Beerensträuchern, Gemüse, Zierpflanzen und Nadelgehölzen.

Hinweise: Vor allem bei warmer, trockener Witterung.

Gegenmaßnahmen: Gegen Spinnmilben an Obstbäumen Raubmilben einbürgern. Sie werden nicht gehandelt, können aber über den Pflanzenschutzdienst vermittelt werden (aus natürlichen Vorkommen). Obstbäume bei beginnendem Austrieb mit Mineralöl spritzen. Schadensschwelle bei Apfel: 2000 Wintereier auf 10 x 20 cm Fruchtholz. Bei Befallsbeginn und während der Vegetationsperiode Rapsöl-

37

Präparate einsetzen (Tab. 4b). Andere Art überwintert u.a. an Erdbeere und Brennessel. Bohnenstangen entrinden und desinfizieren (durch eine Flamme ziehen). Pflanzen ausreichend wässern, wiederholt mit kaltem Wasserstrahl von unten abspritzen. Evtl. befallene Pflanzen(teile) verbrennen. Bestimmte Pflanzenschutzmittel können die Spinnmilbenvermehrung fördern. Im Gewächshaus Raubmilben freilassen (S. 14). Bei günstigen Bedingungen (hohen Temperaturen) kann der Einsatz von Raubmilben auch im Freiland, z.B. bei Erdbeeren, erfolgreich sein. Bei Zierpflanzen Kali-Seifen- oder Rapsöl-Präparate spritzen (Tab. 4b).

38

Tausendfüßler

Schadbild: Befressen werden keimende Samen, Gurken, Salat, Spinat, Möhren, Erbsen, Erdbeeren.

Hinweise: Selten schädlich, leben im allgemeinen von verwesenden Substanzen, deshalb vor allem in humusreichen Böden.

Gegenmaßnahmen: Boden tief bearbeiten und durchfrieren lassen, nicht zu feucht halten. Vorbeugend Samen mit trockener Asche mischen. Pflanzenreste beseitigen. Bodenreaktion bestimmen lassen, evtl. kalken. Gefährdete Kulturen durch Umstreuen mit ungelöschtem Kalk schützen. Im Umkreis von Aussaaten nicht mulchen. Mit ausgelegten Kartoffel- oder Möhrenscheiben unter umgestülpten Blumentöpfen ködern; täglich kontrollieren. Erdbeeren durch Unterlegen von trockener Holzwolle schützen. Chemische Maßnahmen sind nicht empfehlenswert.

39

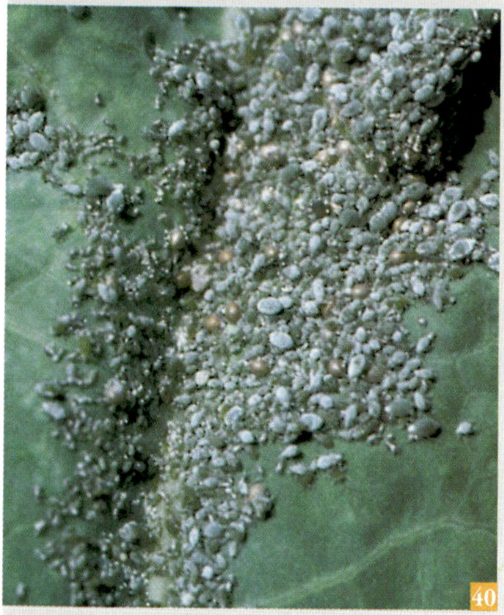
40

41

Blattläuse

Schadbild: Durch das Saugen der Blattläuse werden die Pflanzen geschwächt und welken. Auch Blattrollen, Verfärbungen u. Verkrüppelungen sind möglich. Die Ausscheidungen der Blattläuse führen zu Verschmutzungen und der Ansiedlung von Schwärzepilzen.

Hinweise: Einzelne Arten an sehr vielen Kulturen, andere streng spezialisiert.

Einige Arten können nur auf bestimmten Gehölzen überwintern. Blattläuse können Viren von Pflanze zu Pflanze übertragen.

Gegenmaßnahmen: Bei Kopf- und Eissalat blattlausresistente Sorten auswählen. Vorbeugend für gefährdete Kulturen windoffene Lagen bevorzugen. Pflanzen bei Trockenheit ausreichend wässern. Abspritzen mit scharfem Wasserstrahl, bei Zierpflanzen evtl. Schmierseife zusetzen (5 g/l, u.U. aber Pflanzenschäden möglich). Wirkung evtl. vorhandener nützlicher Gegenspieler (Marienkäfer, Florfliegen, Schwebfliegenlarven, Ohrwürmer u.a.) einige Tage beobachten. Gegenspieler schonen, Ameisen fernhalten (Leimringe bei Bäumen, Nester bekämpfen, Hefe + Bier an den Ameisenstraßen auslegen). Nach Gebrauchsanleitung Kali-Seifen- oder Rapsöl-Präparate anwenden. Im Gewächshaus können Schlupfwespen, räuberische Gallmücken, Florfliegen und Raubwanzen ausgebracht werden (S. 14). Notfalls Pirimicarb- oder Pyrethrine-Präparate spritzen, evtl. Wiederholung erforderlich (Tab. 4b). Grüne Pfirsichblattlaus: S. 9; Mehlige Kohlblattlaus (Bild 40) u. S. 37. Schwarze Bohnenblattlaus (Bild 41) an Dicken Bohnen: Frühe Aussaat, befallene Spitzen ausbrechen. Setzt der Befall erst zur Hülsenbildung ein, ist der Schaden nur noch gering. Fichtenröhrenlaus = Sitkafichtenlaus, S. 51.

Wurzelläuse

Schadbild: Pflanzen werden geschwächt und welken schnell.
Verschiedene Arten:
a) an Salat
b) an Möhre, Petersilie, Sellerie
Hinweise: Wirtswechselnde Arten.
Überwintern:
a) an Pappeln
b) an Weißdorn
Gegenmaßnahmen:
a) Nachbarschaft von Pappel meiden. Keinen Salat über Winter stehen lassen. Wurzellausresistente Salatsorten anbauen.
a) und b) Befallene Pflanzen möglichst schnell ernten. Wurzeln mit Erde auf Kompost geben. Bei Trockenheit befallene Pflanzen wässern; chemische Maßnahmen nicht empfehlenswert.

Mottenschildläuse (Weiße Fliegen)

Schadbild: Festsitzende, flach anliegende Larven und weiße, geflügelte, erwachsene Tiere auf der Blattunterseite. Verschmutzung wie bei Blattläusen.
Hinweise:
a) Kohlmottenschildlaus, bei warmer, trockener Witterung im Spätherbst an Kohl (Bild 43).
b) Weiße Fliege an Gurken, Tomaten und Zierpflanzen; oft eingeschleppt, frostempfindlich (Bild 44).
Gegenmaßnahmen:
a) Überwintert an Kohl und Wildkräutern (Schöllkraut, Saudistel). Kohl bald ernten. Notfalls Kali-Seifen- oder Pyrethrine-Präparate (Tab. 4b) wiederholt einsetzen, Blattunterseiten mitbehandeln.
b) Gewächshaus gut lüften, gelbe Leimtafeln frühzeitig aufhängen und Pflanzen oft bewegen. Im Gewächshaus bei Befallsbeginn *Encarsia*-Schlupfwespen freilassen (S. 14). Kali-Seifen- oder Rapsöl-Präparate spritzen (Tab. 4b).
Überwinterung an Zierpflanzen (Fuchsien, Lantana, Ageratum u.a.) verhindern.

45 46

Blasenfüße (Thripse)

Schadbild: Kleine helle Flecke, verursacht durch gelbe oder dunkle, ca. 1 mm lange Thripse. Sie saugen oft blattunterseits.

Hinweise: Vor allem bei warmer Witterung an Erbsen, Porree, Zwiebeln, Gladiolen u.a.

Gegenmaßnahmen: Fruchtwechsel erforderlich, da z.T. Überwinterung im Boden. Erbsen früh aussäen. Chemische Maßnahmen selten erforderlich (Kali-Seifen-, Pyrethrine-Präparate, Tab. 4b). Im Gewächshaus Einsatz von Raubmilben und Raubwanzen möglich (S. 14). Gladiolenthrips: S. 54.

47

48

Erdflöhe

Schadbild: Die kleinen, schwarzen oder gelb gestreiften, springenden Käfer fressen kleine Löcher oder Fenster in die Blätter oder vernichten Keimlinge bereits im Boden.

Hinweise: Schaden meist nur an Jungpflanzen. Treten vor allem im Mai, an Radies, Rettich, Kohl, kreuzblütigen Zierpflanzen und Unkräutern auf.

Gegenmaßnahmen: Boden häufig hacken (rauhe Bodenoberfläche) und feucht halten (z.B. auch durch Bedeckung). Pflanzen beregnen; für schnelles Wachstum der Keimlinge sorgen. Mischkultur mit Buschbohnen, Salat oder Spinat; kreuzblütige Wildkräuter vernichten. Am Sauerampfer kommen andere Arten vor. Notfalls Pyrethrine stäuben (Tab. 4b). Bei Jungpflanzen springende Käfer mit Leimpapier abfangen.

49

50

51

a) Drahtwürmer
b) Schnakenlarven

Schadbild: Unterirdische oder bodennahe Pflanzenteile werden befressen. Lückiges Auflaufen von Sämlingen sowie Welken und Eingehen älterer Pflanzen (nur Schnakenlarven).

Hinweise: a) Drahtartige, harte, ca. 2 cm lange, braune Larven der Schnellkäfer, vor allem an Kartoffeln, Salat, Spinat, Möhren u.a.; Entwicklungsdauer bis zu 5 Jahren (Bild 49).

b) Bis 4 cm lange, dunkle, beinlose Schnakenlarven, vor allem an Kohl, Salat, Rasen u.a. (Bild 50, Schnaken Bild 51).

Gegenmaßnahmen: Vor allem in schweren Böden nach Wiesenumbruch oder in nahen Rasenflächen. Natürliche Feinde (Maulwurf, Kröten, Spitzmaus, Vögel, Laufkäfer) fördern. Boden mehrfach gründlich bearbeiten, evtl. vor der Saat Branntkalk streuen. Abfangen mit halbierten Kartoffeln (Schnittfläche in den Boden) oder Salat als Fangpflanze. Bei sehr schwerem Befall Pflanzenschutzdienst befragen.

52

Wurzelfliegen

Schadbild: Keimlinge werden z.T. bereits im Boden befressen, laufen verkrüppelt oder gar nicht mehr auf.

Hinweise: Schäden an auflaufenden Bohnen, jungem Spinat, Zwiebel, Gurke, Spargel, Kohl, Radies, Rettich.

Gegenmaßnahmen: Offene, windige Lage wählen. Keinen frischen Mist einbringen. Fruchtfolge! Vorfrucht mit viel Blattrückständen vermeiden. Für gute Auflaufbedingungen sorgen; Bohnen nicht zu früh aussäen (mittlere Tagestemperatur über 12 °C). Nicht zu tief säen. Boden vor der Saat mehrfach bearbeiten. Befallene Pflanzen verbrennen.

53

Raupen

Schadbild: Verschiedene Arten fressen an oder minieren in Blättern, Stengeln oder Früchten.

Hinweise: Schmetterlingslarven haben 5 Beinpaare (nicht verwechseln mit den Larven der Blattwespen = Afterraupen).

Spannerraupen: 5 Beinpaare, Buckel

Junge Eulenraupen: 6 Beinpaare, Buckel

Gegenmaßnahmen: Vorbeugend Schlupfwespen schonen, Vögel fördern. Schmetterlingseier zerdrucken. Raupen absammeln. Windoffene Lage wählen. *Bacillus-thuringiensis*-Präparate spritzen (Tab. 4b), Einzelne Produkte wirken auch gegen Eulenraupen. Die Präparate sind ungeeignet gegen Apfelwickler, Schalenwickler, Pflaumenwickler (s. dort). Mischkultur bei Kohl (S. 9). Frostspanner: Leimringe um die Stämme und Baumpfähle ab Ende September; Goldafter (Bild 53): Winternester herausschneiden; Gespinstmotten: Nester herausschneiden; gegen junge Eulenraupen notfalls Pyrethrine einsetzen (Tab. 4b).

54

55

Erdraupen

Schadbild: Pflanzen welken plötzlich und gehen ein. Unterirdische und bodennahe Pflanzenteile, vor allem der Wurzelhals, befressen.

Hinweise: Graubraune, bis 5 cm lange Raupen verschiedener Eulenfalter (Bild 54, Falter Bild 55). Vor allem an Salat, Kohl, Möhren, Kartoffeln u.a. Junglarven fressen oberirdisch.

Gegenmaßnahmen: Absammeln nachts mit Taschenlampe oder tags nahe am Wurzelhals wenige cm unter der Bodenoberfläche. Vernichten der Larven und Puppen beim Umgraben und Hacken. Zur Zeit der Eiablage (Warndienst) Pflanzen öfter reichlich überbrausen, um Junglarven zu beeinträchtigen. Vogelschutz (Amseln)!

Afterraupen

Schadbild: Schneller Fraß an Blättern bzw. anderen Pflanzenteilen, jeweils verschiedene Arten an Stachelbeere, Kern- und Steinobst, Rosen und Winterraps.

Hinweise: Blattwespenlarven haben 9–11 Beinpaare oder gar keine Beine, hinterer Körperteil häufig seitlich gekrümmt oder eingerollt, bei Berührung oft nach Terpentin riechend (nicht verwechseln mit Schmetterlingslarven, S. 30).

Gegenmaßnahmen: Absammeln, notfalls Pyrethrine anwenden (Tab. 4b). Stachelbeerblattwespe: Entfernen der Eier (auf der Blattunterseite der unteren Blätter, 1. Generation kurz nach der Blattentfaltung) und Larven (anfangs gesellig, blattunterseits, lassen sich schnell fallen!) oder wiederholt über weißem Tuch abschütteln.

Apfelsägewespe, Pflaumensägewespe (auch S. 47): abgefallene (insbesondere junge) Früchte einsammeln, vernichten, Baum evtl. über weißem Tuch abklopfen. Gespinstblattwespen (Birne, Steinobst): Gespinste herausschneiden. Rosen (z.B. Rosenblattwespe): Absuchen, befallene Blätter und Triebe abschneiden. Kohlrübenblattwespe (Chinakohl, Raps): Absuchen oder Gründüngung schnell eingraben.

Vögel

Schadbild: Samenfraß, Knospenfraß, Fruchtfraß

Hinweise: Vor allem bei Aussaaten, Erbsen, Zierpflanzen und Obst.

Gegenmaßnahmen: Nichttiergefährdende Netze (engmaschig, blau) über die Kultur oder den Baum spannen. Bodennetze so anbringen, daß sich keine Vögel oder Igel darin verfangen (erdrosseln) können. Netze straff spannen, täglich kontrollieren. Knospen weißen durch Spritzen mit „Schweizer-Kalk-Leim-Gemisch“: 3 kg Branntkalk mit 1 Liter Wasser anrühren, anschließend 1 kg Tapetenkleister (20 g Methylzellulose auf 1 Liter Wasser) hinzugeben.

Kurzfristig wirksam: Knallscheuchen (Mindestabstände in Wohngebieten!) oder flatternde Schreckbänder oder Folienstreifen.

60

61

62

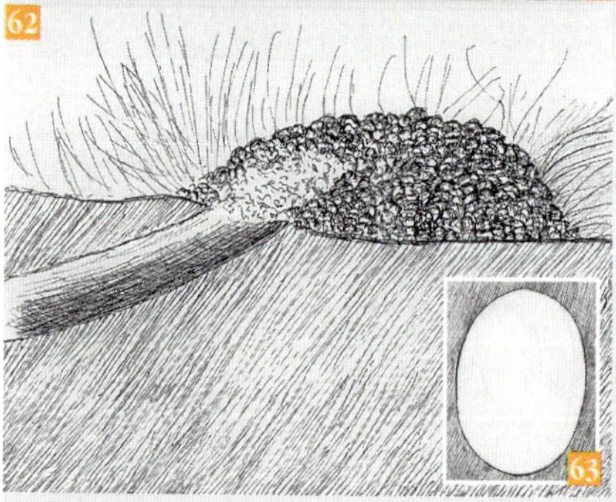

63

a) Mäuse, Ratten
b) Schermaus (Wühlmaus)

Schadbild:

a) An Erdmieten, Vorräten, Tulpen u.a., Mäuse benagen auch die Stammbasis von Obstbäumen.

b) Pflanzen welken und sterben ab, vor allem junge Gehölze, Wurzelgemüse und Obstbäume auf schwach wüchsiger Unterlage. Wurzeln abgefressen, Knollen ausgehöhlt.

Hinweise:

b) Hochovale Gänge und unregelmäßige, mit Wurzeln und Pflanzenresten durchsetzte Erdhaufen (Bilder 62 u. 63 – im Unterschied zum Maulwurf, S. 57).

Gegenmaßnahmen: Mulchen einschränken, Taggreifvögel und Eulen fördern (2 m hohe Sitzstangen, Brutröhren), Steinhaufen für Wiesel belassen.

a) Mieten und Vorräte mit Drahtgeflecht sicher abgrenzen. Notfalls Pflanzenschutzdienst fragen. Fallen aufstellen.

b) Fallen in die Gänge stellen, am besten Gang lichtundurchlässig verschließen. Möglichst Lebendfallen, täglich kontrollieren, um Maulwürfe (geschützt!) zu befreien.

Warfarin-Köder in die Gänge legen (nicht offen auslegen, sonst Vergiftungsgefahr, Tab. 4b). Bekämpfung möglichst in Gemeinschaftsaktionen. Ob mäuseabweisende Pflanzen helfen, sollte ausprobiert werden.

Bohne, Erbse

64

Brennfleckenkrankheit

Schadbild: Keimlinge sterben ab. Junge Pflanzen fallen um. Blätter, Stengel und Hülsen mit Flecken. Flecke meist braun oder braunrot umrandet.
Hinweise: Pilzbefall; der Pilz kann am Samen, gelegentlich auch im Boden, überdauern.
Gegenmaßnahmen: Resistente Bohnensorten anbauen. Von kranken Beständen kein Saatgut ernten. Neben kranken Kulturen keine Neuansaat vornehmen. Befallene Pflanzen nicht einarbeiten. Chemische Bekämpfung unzweckmäßig.

Sonstige Krankheiten und Schädlinge: Keimlingskrankheiten (S. 20), Spinnmilben (S. 24), Schwarze Bohnenblattlaus (S. 26), Wurzelfliegen (S. 29)

Gurke

65

66

Gurkenmehltau

Schadbild:
Weiße Flecke oder mehlartiger Belag auf den Blättern.
Hinweise:
Pilzgeflecht und Sporenbelag eines Pilzes, der vornehmlich die Blattoberseiten besiedelt.
Gegenmaßnahmen:
Resistente Sorten anbauen. Die Entwicklung des Pilzes kann durch regelmäßiges Befeuchten der Blätter gehemmt werden. Im Gewächshaus vorbeugend Lecithin-Präparate oder Pflanzenstärkungsmittel aus Sachalin-Staudenknöterich einsetzen.

Sonstige Krankheiten und Schädlinge: Spinnmilben (S. 24), Weiße Fliegen (S. 27), Wurzelfliegen (S. 29)

Kartoffel

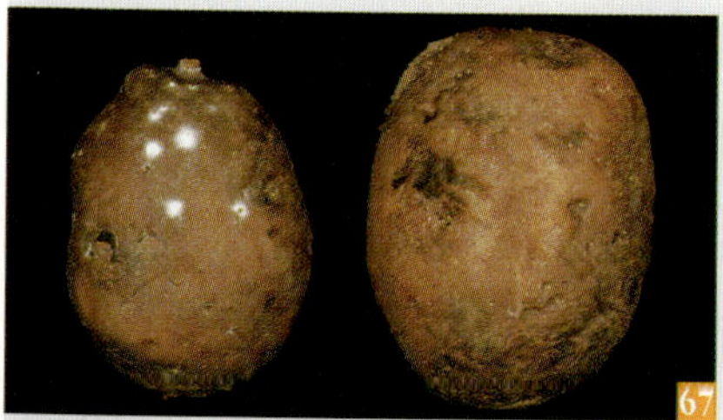

67

68

Kraut- und Knollenfäule

Schadbild: Graugrüne, später braune bis schwarze Blattflecke. Blätter und Stengel faulen. Äußerlich bleichgraue, innerlich rötlich-braune Knollenflecke, mit nachfolgender Fäulnis.

Hinweise: Pilzbefall; wird gefördert durch warme (über 20 °C) und feuchte Witterung sowie dichte Bestände. Pilz geht auf Tomaten über = Kraut- und Braunfäule.

Gegenmaßnahmen: Beratung nach weniger anfälligen Sorten befragen. Mäßig düngen. Schonend ernten. Sorgfältig verlesen. Kranke Pflanzen oder Knollen nicht auf den Kompost geben. Pilzbekämpfungsmittel (z.B. Metiram, Tab. 4a) nur bei Frühbefall (bis Ende Juli) einsetzen.

69

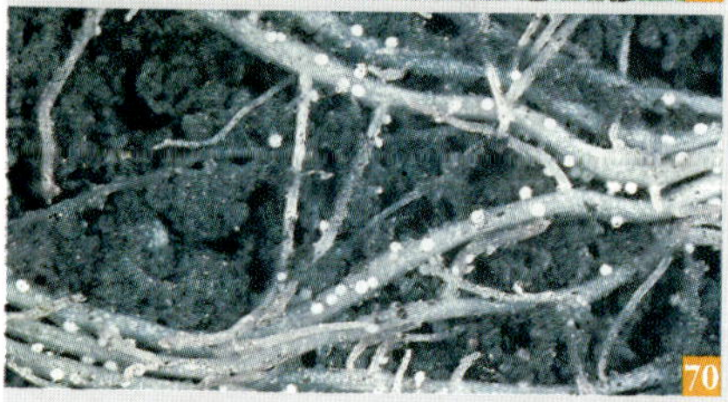

70

Kartoffelnematoden

Schadbild: Nestartig bleiben Pflanzen im Wuchs zurück. Blätter klein, Laub vergilbt frühzeitig. Ab Juli an den Wurzeln sehr kleine weiße, später braune kugelige Brutkapseln.

Hinweise: Saugschäden an den Wurzeln, durch Nematoden (Fadenwürmer) verursacht, die mittels Brutkapseln (Zysten) im Boden bis zu 10 Jahre überdauern können.

Gegenmaßnahmen: Meldepflichtiger Schädling! Pflanzenschutzamt befragen. Kartoffeln höchstens alle 4 Jahre auf derselben Fläche anbauen. Keine Pflanzkartoffeln von verseuchten Flächen nehmen.

Kartoffelkäfer

71

72

Schadbild: Pflanzen werden von schwarz-gelb gestreiften Käfern und rötlich-gelben Larven befressen.
Hinweise: Fraß durch den Kartoffelkäfer und seine Larven.
Gegenmaßnahmen: Vorgetriebene Knollen als Köder setzen. Mit Beginn des Austriebs Kartoffellaub auf Eiablage kontrollieren. Eier länglich-oval, in Gruppen zu 20–30 Stück blattunterseits. Leicht zu verwechseln mit Marienkäfereiern (S. 5)! Käfer und Larven absammeln. Larven können mit speziellen *Bacillus-thuringiensis*-Präparaten bekämpft werden (Tab. 3 u. 4b).

Sonstige Krankheiten und Schädlinge: Viruskrankheiten (S. 23), Blattläuse (S. 26)

Kohl

Kohlhernie

73

Schadbild: Pflanzen bleiben im Wuchs zurück und welken. Blätter werden grau. Wurzeln mit Wucherungen, nicht verwechseln mit Gallen des Kohlgallenrüßlers (Galle enthält Larve oder weist Bohrloch auf).
Hinweise: Pilzbefall; Krankheitserreger überdauert mehrere Jahre im Boden. Befall erschwert die Wasser- und Nährstoffaufnahme.
Gegenmaßnahmen: Auf der gleichen Fläche Kohl nicht häufiger als alle 4 Jahre anbauen. Für optimale Bodenstruktur und guten Wasserabzug sorgen, aufkalken, falls Kohl oder andere Kreuzblütler angebaut werden, nur Pflanzen mit guten Ballen setzen. Befallene Wurzeln möglichst vollständig beseitigen. Verschleppung des Erregers vermeiden (S. 11). Bei Chinakohl resistente Sorten anbauen.

74 75

Kohleule

Schadbild: Anfangs Fensterfraß (viele kleine Räupchen auf der Blattunterseite). Später Lochfraß, Fraß auch im Innern von Kohlköpfen.
Hinweise: Raupen (in der Farbe wechselnd, grün bis braun) eines Nachtschmetterlings.
Gegenmaßnahmen: Pflanzen ab Mai regelmäßig auf Eigelege absuchen. Eier halbkugelig, anfangs weiß, später bräunlich, in Gruppen blattunterseits. Eier und kleine Raupen zerdrücken. Gegen kleine Raupen sind spezielle *Bacillus-thuringiensis*-Präparate wirksam (Tab. 4b). Vor allem auf Benetzung der Blattunterseiten achten, da sich hier bevorzugt die Jungraupen aufhalten!

76

77

78

Kohlweißling

Schadbild: Fraßlöcher, vornehmlich an den Außenblättern, Raupen des Kleinen Kohlweißlings auch im Innern von Kohlköpfen.
Hinweise: Larven von weißen, leicht schwarz gezeichneten Schmetterlingen. Gelb-schwarze Raupen (Großer Kohlweißling – Bild 77) oder grüne, samtartig behaarte Raupen (Kleiner Kohlweißling – Bild 78).
Gegenmaßnahmen: Kohlpflanzen ab Juni auf gelbe Eier (Verwechslungsgefahr mit Marienkäfereiern, S. 5) und Raupen absuchen. Eier (bei Kleinem Kohlweißling einzeln, bei Großem Kohlweißling in Gruppen abgelegt [Bild 76]) sowie Raupen zerdrücken. Bei starkem Befall Insektizid (*Bacillus-thuringiensis*-Präparat Tab. 3 u. 4b) einsetzen.

79

Kohlmotte

Schadbild: Kleinere Fraßlöcher, bei denen die Blattoberhaut häufig stehengeblieben ist (Fensterfraß). Manchmal Fraß an Herzblättern.

Hinweise: Gelbe Eier, nur mit Lupe erkennbar; Raupen (bis 1 cm, bei Berührung schlängelnde Bewegung) eines Kleinschmetterlings, Verpuppung an der Pflanze.

Gegenmaßnahmen: Nur bei hohem Besatz schädlich. In Ausnahmefällen ein *Bacillus-thuringiensis*-Präparat (Tab. 3 u. 4b) anwenden.

80

81

Mehlige Kohlblattlaus

Schadbild: Blätter gerollt oder gewölbt, dicht bei dicht mit bleigrauen Blattläusen besetzt.

Hinweise: Saugschäden durch die Mehlige Kohlblattlaus. Verschmutzung durch Ausscheidungen (Wachs, Honigtau) der Blattläuse. Befall bricht in der Regel im Spätsommer durch das Auftreten von Nützlingen zusammen.

Gegenmaßnahmen: Blattläuse oder Wintereier überdauern auf Kohlpflanzen. Vorjährige Pflanzen müssen im Frühjahr beseitigt sein. Möglichst frühzeitig Einzelblätter mit Blattlauskolonien entfernen. Falls natürliche Gegenspieler, wie Schlupfwespen, Schwebfliegen u.a. (Bilder 8–12) nicht ausreichen notfalls Pirimicarb-Präparate einsetzen.

Sonstige Krankheiten und Schädlinge: Erdflöhe (S. 28), Erdraupen (S. 30), Kohlrübenblattwespe (S. 31), Kohlfliege (S. 39)

Möhre

82

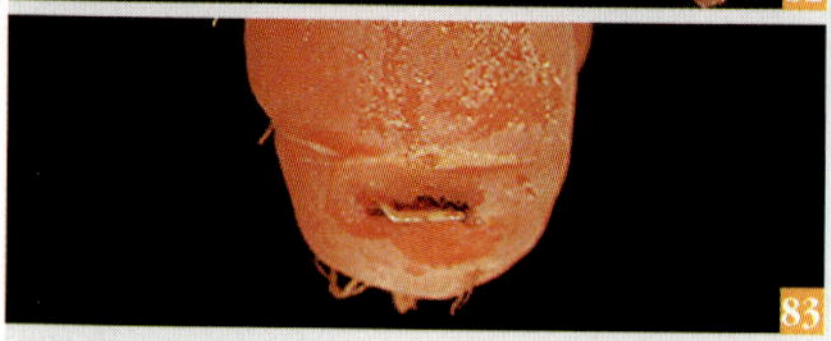
83

Möhrenfliege

Schadbild: Kleine Pflanzen sterben ab. Schmale, rostfarbige Fraßgänge, vornehmlich an der Spitze des Möhrenkörpers. Bitterer Geschmack.
Hinweise: Fraß durch Maden der Möhrenfliege. Tritt jährlich in 2 Generationen auf. Überdauert den Winter im Boden. Schädigt auch an Petersilie und Sellerie.
Gegenmaßnahmen: Möglichst satzweise und in Mischkultur anbauen. Mit großem Reihenabstand dünn säen, da beim Verziehen Erdspalten entstehen, die die Möhrenfliege zur Eiablage benutzt, Oberfläche dicht schlämmen. Im Herbst keine Möhren auf der Fläche belassen. Möhrenfliegen können durch eine Vlies- oder Netzabdeckung ferngehalten werden (S. 12).

Sonstige Krankheiten und Schädlinge: Wurzelläuse (S. 27), Erdraupen (S. 30)

Petersilie

84

Wurzelfäule

Schadbild: Blätter vergilben, färben sich rot und welken. Pflanze stirbt ab.
Hinweise: Fäulnis durch verschiedene Bodenpilze (Förderung durch Nässe) oder Schadfraß durch Rüsselkäferlarven an der Stengelbasis.
Gegenmaßnahmen: Anbaufläche wechseln, feuchte Stellen meiden. Boden lockern. Spätsaat (ab Ende Juni) bevorzugen. Bei Rüsselkäferbefall befallene Pflanzen vernichten.

Sonstige Krankheiten und Schädlinge: Blattfleckenpilze (S. 22), Blattläuse (S. 26), Wurzelläuse (S. 27), Möhrenfliege (s.o.)

Radies, Rettich

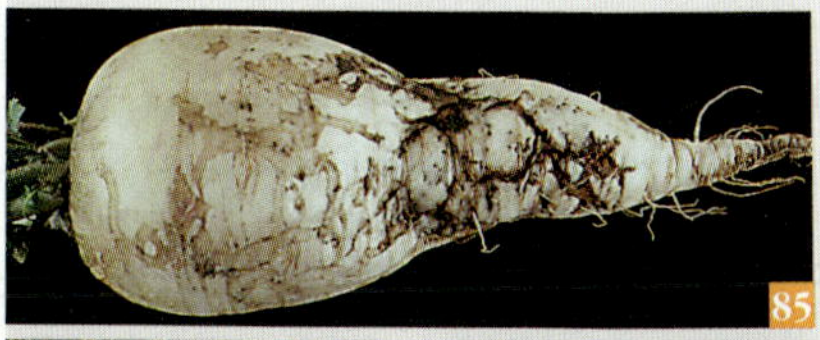

85

86

Kohlfliege

Schadbild: Fraßgänge an Radies und Rettich, meist bräunlich verfärbt. Bei Kohlpflanzen Fraß an den Wurzeln, bei starkem Befall ganz abgefressen, Pflanzen welken und sterben ab.

Hinweise: Fraß durch Maden einer Fliegenart, die der Stubenfliege ähnlich sieht. Fliegeneier (1 mm lang) werden ab Ende April an den Stengelgrund gelegt.

Gegenmaßnahmen: Bei Radies und Rettich Aussaaten satzweise. Bei der Aussaatmenge Verluste einplanen. Verziehen möglichst spät vornehmen. Fruchtwechsel, Fläche mit Folie, Vlies oder Netz abdecken. Bei Kohl können Pflanzen auch durch das Anlegen von Kohlkragen (Ø 12 cm) geschützt werden.

Sonstige Krankheiten und Schädlinge: Erdflöhe (S. 28)

Salat

87

Salatfäule

Schadbild: Junge Pflanzen oder ältere Blätter (dem Boden aufliegende Außenblätter) faulen.

Hinweise: Befall durch einen oder mehrere Pilze, die vor allem bei naßkalter Witterung zu langsam fortschreitender Fäulnis führen.

Gegenmaßnahmen: Kräftige Pflanzen, möglichst in Erdtöpfe setzen, gut andrücken, Erdtöpfe zur Hälfte oder mehr aus dem Boden herausragen lassen, vorsichtiges Hacken, damit keine Blätter beschädigt werden. Erntereifen Salat zügig ernten.

Sonstige Krankheiten und Schädlinge: Falscher Mehltau (S. 21), Viruskrankheiten (S. 23), Blattläuse (S. 26), Wurzelläuse (S. 27), Erdraupen (S. 30)

Sellerie

88

Blattfleckenkrankheit

Schadbild: Zunächst einzelne gelbe oder braune Flecke auf den Blättern, werden immer zahlreicher, Sellerielaub stirbt ab, Knolle bleibt klein.

Hinweise: Pilzbefall. Pilz kann mit dem Samen oder mit Jungpflanzen eingeschleppt werden. Regenwetter fördert die Krankheit.

Gegenmaßnahmen: Wenig anfällige Sorten (z.B. Bergers weiße Kugel, Apia) bevorzugen. Sellerie möglichst freistehend in Einzelreihe pflanzen. Einzelne befallene Blätter frühzeitig abpflücken. Chemische Bekämpfung unzweckmäßig.

Sonstige Krankheiten und Schädlinge: Möhrenfliege (S. 38)

Spinat

89, 90

Rübenfliege

Schadbild: Hellgrüne Fraßgänge im Blatt, Blatteile vertrocknen.

Hinweise: Larven (weiße Maden) der Rübenfliege fressen im Blattinnern. Weiße Eier (knapp 1 mm lang) werden an der Blattunterseite abgelegt.

Gegenmaßnahmen: Dichte Bestände heranziehen. Einzelne befallene Blätter entfernen. Winterspinat bis Mitte Mai ernten (s.a. Tab. 2). Gänsefußgewächse (Nebenwirte) beseitigen.

Tomate

91

Kraut- und Braunfäule

Schadbild: Blätter mit graugrünen bis schwarzen Flecken sterben ab. Früchte mit schmutzigbraunen Flecken.

Hinweise: Befall (ab Juli) durch einen Pilz, der gewöhnlich seinen Ausgang von befallenen Kartoffelbeständen nimmt (Kraut- und Knollenfäule S. 34).

Gegenmaßnahmen: Die Tomatensorten sind unterschiedlich anfällig. Nicht zu eng pflanzen, übermäßige Laubbildung vermeiden.

Porree

Rost

Schadbild: Kleine, längliche Flecke, schlitzartig aufgerissen mit orangefarbenen Sporen.
Hinweise: Befall durch einen Rostpilz, der bei uns nur an Porree und Schnittlauch vorkommt. Zu Beginn Befall meist nesterweise.
Gegenmaßnahmen: Nur örtlich und in einzelnen Jahren von Bedeutung. Vor Neupflanzung im Frühjahr vorjährige Pflanzen unbedingt beseitigen. Frühzeitig befallene Blätter entfernen.

Lauchmotte

Schadbild: Schabefraß und Fraßgänge bis tief in das Herz hinein.
Hinweise: Fraß durch gelblich-weiße Raupen (13 mm lang) eines Kleinschmetterlings; 2 Generationen (Juni–Juli u. August–September).
Gegenmaßnahmen: Im Juni und September Herzblätter auf Raupen kontrollieren. Einzelne Raupen zerdrücken. Wenn nötig, Pflanzen mit Vlies oder Netzen schützen (S. 12).

Sonstige Krankheiten und Schädlinge: Blasenfüße (S. 28), Zwiebelfliege (s.u.)

Zwiebel

Zwiebelfliege

Schadbild: Junge Pflanzen fallen um. Herzblatt welkt, in der Zwiebel fressen gelbliche Maden.
Hinweise: Fraß von Maden der Zwiebelfliege an jungen Pflanzen (1. Generation, Mai–Juni), an älteren Pflanzen (2. Generation, Juli–August); auch an Porree.
Gegenmaßnahmen: Befallene Zwiebeln nicht auf der Fläche belassen. Pflanzen mit Netz oder Vlies schützen. Bei regelmäßigen Schäden auf Anbau von Steckzwiebeln oder Schalotten umstellen.

Kernobst (Apfel, Birne)

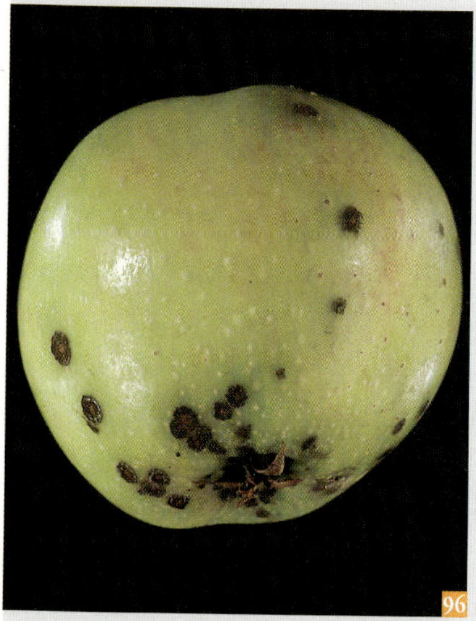

96

Schorf

Schadbild: Blätter und Früchte mit rundlichen, schwarzgrünen, samtartigen, später verkorkenden Flecken. Früchte oft klein bleibend, rissig und verkrüppelt. Vor allem bei Birnen auch „Zweiggrind".
Hinweise: Befall durch einen Pilz, der auf abgefallenem Laub und z.T. auch auf Trieben überwintert. Wintersporen infizieren die austreibenden Knospen. Nachfolgend Verbreitung durch Sommersporen. Infektionsgefahr bei Regenwetter besonders groß.
Gegenmaßnahmen: Weniger anfällige Sorten bevorzugen (S. 11). Baumkronen durch fachgerechten Schnitt offenhalten. „Grindige" Triebe entfernen. Vorjähriges Laub vor dem Frühjahr beseitigen. Bei empfindlichen Sorten mit Fungizid (z.B. Triforin, Tab. 4a) spritzen. Erste Spritzung, sobald die Knospen das erste Grün zeigen („Mausohrstadium").

97

Apfelmehltau

Schadbild: Junge Triebe mit mehlig flockigem Belag. Blätter eingerollt, vom Rand her vertrocknend und später abfallend. Auch Blütenstände werden befallen. Schlechter Fruchtansatz. Früchte mit gitterartiger Berostung.
Hinweise: Pilzbefall. Der Erreger überwintert in den Knospen, die deutlich schwächer erscheinen als gesunde Knospen = Hauptinfektionsherde. Vor dem Austrieb sind mehltaubefallene Endknospen daran zu erkennen, daß sie „gespelzt" aussehen, d.h., die Knospenschuppen liegen nur locker an.
Gegenmaßnahmen: Weniger empfindliche Sorten bevorzugen (S. 11). Durch sorgfältigen Winter-, Frühjahrs- und auch Sommerschnitt kranke Triebspitzen entfernen. Fungizidspritzungen im allgemeinen unzweckmäßig.

98

Feuerbrand

Schadbild: Junge Triebe und Blütenstände welken plötzlich. Sie werden ebenso wie die Früchte braun, später schwarz. Blätter mit schwarzen Hauptadern. Auf Trieben und Früchten oft schleimige Tröpfchen.

Hinweise: Bakterienkrankheit, die vor einigen Jahren eingeschleppt wurde. Meldepflichtig! Vor allem an Birne, Apfel, Rot- und Weißdorn, Cotoneaster, Feuerdorn.

Gegenmaßnahmen: Beratung bei der zuständigen Pflanzenschutzdienststelle anfordern. Ziergehölze, die Wirtspflanzen sind, beseitigen. Beratung nach weniger empfindlichen Sorten fragen.

99

Obstbaumkrebs

Schadbild: Anfangs kleine, dunkelbraune Flecke an Blattnarben oder Hagel- und Schnittwunden; später meist offene, bis ins Holz reichende Wunde, oberhalb der Befallsstelle Kümmerwuchs, Spitzendürre und Absterbeerscheinungen.

Hinweise: Schadwirkung eines rinden- und holzbewohnenden Pilzes, der durch Wunden eindringt.

Gegenmaßnahmen: Weniger anfällige Sorten wählen (S. 11), vor allem auf nassen Böden. Krebsstellen frühzeitig ausschneiden. Kranke Äste 10 cm unterhalb der Befallsstelle abschneiden. Desinfektion des Schneidwerkzeugs! Schnittstelle mit Wundverschlußmittel bestreichen.

100

Blutlaus

Schadbild: Wucherungen an Stämmen, Ästen und Zweigen mit watteartigem Belag (Wachsfäden) bedeckt.

Hinweise: Saugschäden durch Läuse. Beim Zerdrücken der Läuse tritt der blutigrotbraune Körperinhalt aus, daher der Name „Blutlaus“.

Gegenmaßnahmen: Einzelne Sorten, z.B. Cox Orange, Goldparmäne, James Grieve, Jonathan sind besonders empfindlich. Für lichte Baumkronen sorgen. Blutlauszehrwespe einsetzen bzw. schonen (Pflanzenschutzamt fragen). Falls Winter- oder Austriebsspritzung unumgänglich, vorher Schnittholz mit parasitierten Läusen sammeln und vor Spritzmitteln schützen.

101

102

Apfelwickler

Schadbild: In den Früchten ungleichmäßige Fraßgänge, mit braunem, körnigen Kot gefüllt. Früchte fallen meist ab.

Hinweise: Larven des Apfelwicklers, einem Kleinschmetterling („Obstmade"). Treten in 2 Generationen auf. Weißliche, später rötliche Raupe (15 mm lang), häufig noch zur Ernte anzutreffen; auch an Birne, Aprikose, Quitte und Walnuß.

Gegenmaßnahmen: Biologische Bekämpfung mit dem spezifischen Apfelwickler-Granulosevirus (Tab. 4b) oder *Trichogramma*-Schlupfwespen (Eiparasit) möglich (Einzelheiten siehe aid-Heft 1030 „Biologische Schädlingsbekämpfung"). Raupen durch Wellpappring um den Stamm abfangen. Erstes Anlegen Mitte Juni, wöchentliche Kontrolle bis Mitte August, danach noch einmal im Winter. Fallobst häufig aufsammeln, sofort verwerten oder vernichten. Lagerräume insektendicht verschließen.

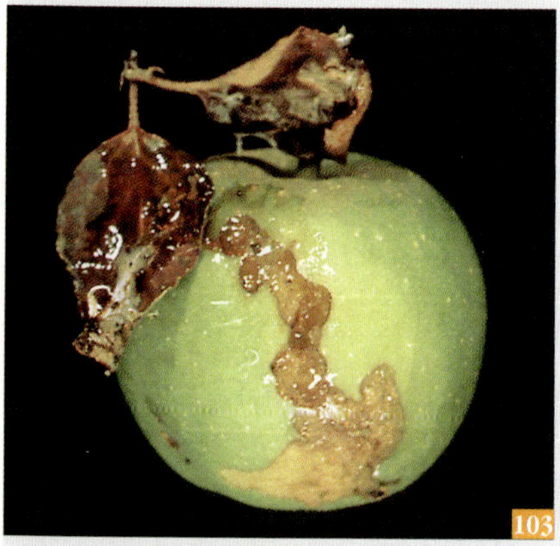

103

Schalenwickler

Schadbild: Eingerollte, zusammengesponnene Blätter, Blattfraß nahezu an allen Obstarten, Punkt- oder Flächenfraß an Fruchthaut. Häufig Blatt mit Gespinst an der Frucht befestigt.

Hinweise: Fraß durch Raupen verschiedener Kleinschmetterlinge (Wickler), die zu unterschiedlichen Zeiten auftreten; auch an Birnen.

Gegenmaßnahmen: Biologische Bekämpfung mit *Trichogramma*-Schlupfwespen (Eiparasit) oder mit spezifischem Granulosevirus (Tab. 4b) möglich (Einzelheiten siehe aid-Heft 1030 „Biologische Schädlingsbekämpfung").

Sonstige Krankheiten und Schädlinge: Gespinstmotten, Goldafter (S. 30), Bodenmüdigkeit (S. 9), Blattläuse (S. 26), Frostspanner (S. 30), Gespinstblattwespen, Apfelsägewespe (S. 31), Monilia-Fruchtfäule (S. 45)

Steinobst (Kirsche, Pflaume, Pfirsich)

104

105

Monilia-Spitzendürre, Fruchtfäule

Schadbild: Spitzen junger Triebe sterben plötzlich ab, unreife Früchte schrumpfen und bleiben als Mumien an den Bäumen hängen.

Hinweise: Befall durch einen Pilz, der über die Blüten oder über Wunden in Früchte eindringt. Besondere Gefahr bei feuchter Witterung um die Blütezeit.

Gegenmaßnahmen: Befallene Früchte sammeln und vernichten. Kranke Zweige bis auf das gesunde Holz zurückschneiden. Schnittholz beseitigen. Falls Fungizideinsatz (z.B. Triforin, Tab. 4a) unvermeidlich, kurz vor und während der Blüte spritzen.

106

Kräuselkrankheit – Pfirsich

Schadbild: Blätter teilweise gewölbt, blasig, anfangs weiß-grün, später rot. Blattunterseits mehliger Belag. Triebspitzen können absterben. Holz reift nicht aus, daher im Folgejahr schlechter Fruchtansatz.

Hinweise: Befall durch einen Pilz, der an Knospen und Zweigen überwintert, von dort befällt er im Frühjahr den Neuaustrieb.

Gegenmaßnahmen: Großfrüchtige, gelbfleischige Sorten anfälliger. Befallene Triebe vernichten. Erste kranke Blätter abpflücken. Falls Fungizidspritzung (z.B. Dichlofluanid, Tab. 4a) notwendig, bei Beginn des Knospenschwellens durchführen.

107

Kirschfruchtfliege

Schadbild: Früchte verlieren ihren Glanz und werden weich. In der Frucht befindet sich eine Made.

Hinweise: Fraß durch die Made der Kirschfruchtfliege. Fliege legt ihre Eier in die heranwachsende Kirsche.

Gegenmaßnahmen: Frühe Sorten werden nur selten befallen. Vogelkirschen, Heckenkirschen in der Nachbarschaft können den Befall fördern. Der Einsatz von gelben Leimtafeln (S. 13) und Insektiziden ist nur befriedigend, wenn Gemeinschaftsaktionen durchgeführt werden; Beratung durch das Pflanzenschutzamt.

108

Pflaumenwickler

Schadbild: Früchte fallen notreif ab. Fruchtfleisch reifer Früchte in der Nähe des Steins zerstört und mit Kotkrümeln. In der Pflaume befindet sich eine rötliche Raupe.

Hinweise: Schadfraß durch die Raupen eines Kleinschmetterlings, der in 2 Generationen auftritt.

Gegenmaßnahmen: Bekämpfung durch Ausbringung von *Trichogramma*-Eiparasiten möglich, ab Beginn der Eiablage der zweiten Generation (ca. ab Ende Juni). Günstigsten Termin durch Einsatz von Pheromonfallen ermitteln oder Beratung vom Pflanzenschutzdienst erbitten (s. a. aid-Heft 1030 „Biologische Schädlingsbekämpfung"). Abgefallene Früchte sofort vernichten.

Pflaumensägewespe

Schadbild: Früchte fallen ab, sie zeigen 1 oder 2 Bohrlöcher. In der Frucht sind weiße Larven (1 cm lang).
Hinweise: Larven der Pflaumensägewespen (2 Arten).
Gegenmaßnahmen: Vielfach hält sich der Befall in Grenzen und führt nur zu einem Ausdünnungseffekt. Befallene Früchte fallen leicht ab (weißes Tuch unterlegen und schütteln). Abgefallene Früchte sofort beseitigen. Zur Prognose und Bekämpfung weiße Leimtafeln benutzen.

109

Sonstige Krankheiten und Schädlinge: Blattläuse (S. 26)

Beerenobst

110

111

Grauschimmel

Schadbild: Früchte (Erdbeeren, Himbeeren, Brombeeren) sind von mausgrauem Schimmel bedeckt und muffig im Geschmack.
Hinweise: Befall durch den Grauschimmelpilz. Schädigt vor allem in feuchten Jahren.
Gegenmaßnahmen: Bei Himbeeren und Brombeeren durch Schnitt für lichte Bestände sorgen. Erdbeeren nicht länger als zweijährig kultivieren, laubreiche Sorten besonders gefährdet, weiten Reihenabstand wählen, schwarze Mulchfolie verwenden oder 3 Wochen vor Erntebeginn Stroh unterlegen. Nicht mit Stickstoff überdüngen. Fungizideinsatz (z. B. Dichlofluanid, Tab. 4a) vor allem bei feuchter Witterung zur Blütezeit.

Rote Wurzelfäule

Schadbild: Erdbeerpflanzen bleiben im Wachstum zurück, bilden nur wenige Früchte. Welken bei Trockenheit. Wurzeln faulen, im Innern rötlich.

Hinweise: Befall durch einen Bodenpilz, der sehr lange im Boden überdauern kann und auf verdichteten, feuchten Böden besonders stark schädigt.

Gegenmaßnahmen: Es bestehen deutliche Sortenunterschiede in der Anfälligkeit. Staunässe, niedrigen pH-Wert vermeiden. Notfalls auf Dämme pflanzen.

112

Rutenkrankheit

Schadbild: An jungen Trieben der Himbeere im Juli–August braune bis braunblaue, scharf umrandete Flecke, die mit der Verholzung weißgrau werden. Ruten sterben ab.

Hinweise: Pilzkrankheiten, die oft durch einen Befall mit Himbeerrutengallmücken ausgelöst werden.

Gegenmaßnahmen: Überflüssige und kranke Ruten frühzeitig entfernen. Abgetragene Ruten möglichst schnell verbrennen. Widerstandsfähige Sorten sind: Schönemann, Rote Radboud, Malling Admira.

113

Echter Mehltau

Schadbild: Triebspitzen, Blätter und Früchte von Stachelbeeren und Schwarzen Johannisbeeren mit mehligem, filzartigem Belag bedeckt, vertrocknen schließlich. Kranke Knospen dünn, Schuppen gespreizt. Sträucher mit vielen Seitentrieben.

Hinweise: Befall durch einen Pilz, der auf den Triebspitzen überwintert. Schaden bei feucht-warmem Wetter besonders groß.

114

Gegenmaßnahmen: Resistente oder widerstandsfähige Sorten pflanzen (S. 11). Krankheit kann durch regelmäßigen Rückschnitt und Auslichten der Sträucher eingedämmt oder beseitigt werden.

Johannisbeergallmilbe

Schadbild: Im Winter zeigen sich kugelig angeschwollene Knospen, vor allem bei Schwarzen Johannisbeeren. Knospen treiben nicht oder nur verspätet aus.
Hinweise: Schaden durch sehr kleine Milbenart, die in den Knospen überwintert und im Frühjahr die neuen Triebe besiedelt.
Gegenmaßnahmen: Befallene Knospen im Winter ausbrechen und beseitigen. Bei starkem Befall kräftiger Rückschnitt.

Brombeergallmilbe

Schadbild: Früchte teils schwarz, teils rot. Ungleichmäßig ausgereift.
Hinweise: Schadensursache sind kleine, mit dem Auge nicht erkennbare Gallmilben. Sie überwintern an verschiedenen Pflanzenteilen, vor allem unter Knospenschuppen.
Gegenmaßnahmen: Starker Rückschnitt der befallenen Brombeerranken. Abgeschnittene Pflanzenteile vernichten.

118

Blattfallkrankheit

Schadbild: Blätter von Johannis- und Stachelbeeren mit kleinen (1–3 mm), braunen Flecken. Blätter vergilben und fallen ab.
Hinweise: Befall durch einen Pilz, der auf dem abgefallenen Laub überdauert und im Frühjahr von dort ausgehend das neue Laub befällt.
Gegenmaßnahmen: Spätestens vor Beginn des neuen Austriebs altes Laub beseitigen. Sträucher durch regelmäßigen Schnitt licht halten. In feuchten Jahren können Fungizidspritzungen (z.B. Dichlofluanid, Tab. 4a) notwendig werden.

119

Säulenrost

Schadbild: Blätter der Schwarzen Johannisbeere auf der Unterseite mit einem rostbraunen Belag. Blätter fallen ab.
Hinweise: Befall durch einen Pilz, der ertragsmindernd wirkt. Der Pilz lebt auch auf fünfnadeligen Kiefernarten, die ihm als Zwischenwirt dienen.
Gegenmaßnahmen: Benachbarte Kiefern auf Befall prüfen und eventuell beseitigen. Für gute Nährstoffversorgung der Schwarzen Johannisbeere sorgen. Bei regelmäßig starkem Schaden ab Juni 1–2 Fungizidspritzungen (z.B. Triforin, Tab. 4a).

Sonstige Krankheiten und Schädlinge: Blattläuse (S. 26), Stachelbeerblattwespe (S. 31), Vögel (S. 31)

Nadelgehölze

120

Nadelbräune

Schadbild: Nadeln werden gelb oder braun und fallen ab.

Hinweise: Sehr verschiedenartige Ursachen, wie natürlicher Nadelfall, Trockenschäden, Frostschäden, Bodenverdichtungen, Magnesiummangel, Befall durch Pilze, Spinnmilben oder Blattläuse.

Gegenmaßnahmen: Ursache durch einen Fachmann klären lassen. Boden auf Nährstoffversorgung prüfen. Vor allem bei Omorika-Fichten auf gute Magnesiumdüngung achten.

121

122

Fichtenröhrenlaus (= Sitkafichtenlaus)

Schadbild: Vor allem an Blaufichten und Sitkafichten vergilben die älteren Nadeln und fallen ab.

Hinweise: Schmutzig-grüne Läuse saugen an den Nadeln. Starke Vermehrung erfolgt vor allem im Frühjahr. Durch mehrjährigen Befall können die Bäume absterben.

Gegenmaßnahmen: Zweige des unteren und mittleren Kronenbereichs regelmäßig auf Läuse kontrollieren: auf weißem Papier abklopfen. Bei stärkerem Besatz im zeitigen Frühjahr möglichst noch vor dem Austrieb mit einem Insektizid (z.B. Kali-Seife, Rapsöl oder Pyrethrine, Tab. 4b) spritzen.

123

Fichtengallenläuse

Schadbild: Anfangs grüne, schuppige Gallen (ähnlich kleinen Tannenzapfen „Ananasgallen") an den Triebspitzen oder an der Triebbasis, vor allem an Rotfichte. Später verholzend.

Hinweise: Schädigung erfolgt durch verschiedene Arten von Gallenläusen. Gefährdet sind vor allem die Rotfichten. Lausarten teilweise wirtswechselnd (Lärche). Befall zeigt sich Ende März bis Anfang April: weiße Flöckchen nahe der Knospen der Triebspitze.

Gegenmaßnahmen: Möglichst frühzeitiges und gründliches Entfernen der Gallen reicht im allgemeinen aus, um den Schaden in Grenzen zu halten.

124

Wolläuse

Schadbild: Zweige mit Wachsflöckchen besetzt. Nadeln mit gelben Flecken, später abknickend. Nadeln sterben ab. Größere Schäden vor allem in Trockenjahren.

Hinweise: Unter den Wachsausscheidungen sitzen die Läuse verschiedener Arten, z.T. auch Formen der Fichtengallenläuse.

Gegenmaßnahmen: Bei starkem Befall kann die Anwendung eines Insektizids (z.B. Pirimicarb-Präparate, Tab. 4b) notwendig werden. Spritzungen erfolgen im Frühjahr. Es empfiehlt sich, wegen der Wachsschicht ein Netzmittel zuzusetzen.

Rosen

125

Rosenmehltau

Schadbild: Triebspitzen und junge Blätter mit einem weißen, später schmutziggrauen Belag. Blätter teilweise gerollt.
Hinweise: Befall durch einen Pilz, der zu den Echten Mehltaupilzen gehört.
Gegenmaßnahmen: Rosensorten sind von unterschiedlicher Anfälligkeit (S. 11). Möglichst widerstandsfähige Sorten auswählen. Bei starkem Befall Fungizidspritzungen (z.B. Bitertanol oder Lecithin, Tab. 4a), sie müssen mehrfach wiederholt werden, damit der Neuzuwachs ständig geschützt ist.

126

Sternrußtau

Schadbild: Vornehmlich an den älteren Blättern rundliche oder sternförmige schwarze Flecke. Blätter fallen ab.
Hinweise: Pilzkrankheit, die durch feuchte Witterung und schlechte Nährstoffversorgung begünstigt wird.
Gegenmaßnahmen: Abgefallene Rosenblätter beseitigen. Notfalls wiederholt mit einem Fungizid (z.B. Fenarimol, Tab. 4a) spritzen, das Sternrußtau und Echten Mehltau gleichzeitig erfaßt. Weniger anfällige Sorten (S. 11) pflanzen.

127

Rost

Schadbild: Gelbliche oder rötliche Flecke auf den Blättern, die auf der Unterseite Pusteln tragen, anfangs gelbe, später braune, schließlich schwarze Sporen.
Hinweise: Pilzkrankheit, die auf den abgefallenen Blättern überwintert und im Frühjahr von dort den Befall des Neuaustriebs bewirkt.
Gegenmaßnahmen: Spätestens im Winter Rosenlaub beseitigen. Bei stärkerem Befall wiederholt mit

128

einem gegen Rost wirksamen Fungizid (z.B. Bitertanol, Tab. 4a) spritzen. Weniger anfällige Sorten (S. 11) bevorzugen.

Sonstige Krankheiten und Schädlinge: Spinnmilben (S. 24), Blattläuse (S. 26), Afterraupen – einschließlich Rosentriebbohrer – (S. 31)

Blumenzwiebeln, Sommerblumen, Stauden, Laubgehölze

129

Tulpenfeuer

Schadbild: Blätter und Stengel schwach entwickelt. Blätter mit grauen oder braunen Flecken. Zwiebeln mit schwarzen Dauerkörpern besetzt.
Hinweise: Pilzkrankheit, die mit kranken Zwiebeln eingeschleppt wird und im Boden überdauert.
Gegenmaßnahmen: Nur gesunde Tulpenzwiebeln pflanzen. Standort von Zeit zu Zeit wechseln.

130

Gladiolenthrips

Schadbild: Laub- und Blütenblätter mit weißen oder silbrigen Flecken. Blüten oft verkrüppelt.
Hinweise: Saugschäden, verursacht durch den Gladiolenblasenfuß (etwa 1 mm groß; gelbliche Larven, schwarze Vollinsekten). Schädling wandert im Herbst auf die Knollen und überwintert dort.
Gegenmaßnahmen: Knollen im Herbst von allem Laub befreien und sorgfältig putzen. Notfalls Kali-Seifen-Präparate spritzen (Tab. 4b).

Dickmaulrüßler

Schadbild: Vom Rande her befressene Blätter an Rhododendron und vielen anderen Pflanzen. Bis 1 cm lange, weiße Käferlarve mit hellbraunem Kopf an den Wurzeln vieler Pflanzen. Pflanzen kümmern.
Hinweise: Flugunfähige, dunkle, ca. 2 cm große Käfer fressen oberirdisch, Larven unterirdisch an Wurzeln und Knollen, bohren sich teils hinein (Balkonkästen, Topfpflanzen, Dachterrassen, Erdbeeren).
Gegenmaßnahmen: Eine Bekämpfung der Larven ist durch den Einsatz spezieller Nematodenarten möglich (S. 14).

Sonstige Krankheiten und Schädlinge: Echter Mehltau (S. 21), Spinnmilben (S. 24), Blattläuse (S. 26), Eulenraupen (S. 30)

134

Hexenringe

Schadbild: Halbkreis- oder kreisförmige Streifen absterbenden Rasens.

Hinweise: Verschiedene im Boden lebende Pilze breiten sich strahlenförmig aus und entziehen dem Rasen das Wasser und die Entwicklungsmöglichkeiten.

Gegenmaßnahmen: Vor dem Rasenschnitt jeweils alle Fruchtkörper der Pilze beseitigen. Bei größerem Schaden kann z.B. Triforin (Tab. 4a) eingesetzt werden. Schwierigkeiten macht die richtige Benetzung des von dem Schadpilz durchwachsenen Bodens.

135

Moos, Unkräuter

Gegenmaßnahmen: Gartenbesitzer stellen unterschiedliche Ansprüche an die Zusammensetzung der Pflanzenarten auf Rasenflächen. In jedem Fall ist Moosbildung unerwünscht. Sie entsteht bei mangelhafter Nährstoffversorgung, zu niedrigem pH-Wert (saure Bodenreaktion), bei schlechter Bodenstruktur und vor allem in Schattenlagen. Vielfach hilft eine mechanische Lockerung der Bodenoberfläche durch Spezialgeräte. Oftmals muß der Rasen bei starker Moosbildung neu angelegt werden. Gießmittel zur Moosbekämpfung bringen nicht immer einen zufriedenstellenden und anhaltenden Erfolg. Unkräuter im Rasen werden durch regelmäßigen Schnitt und gute Nährstoffversorgung unterdrückt. Einzelne Unkräuter (Wegerich, Löwenzahn) werden ausgestochen.

136

137

138

Maulwurf

Schadbild:
Erdhaufen in der Rasenfläche (Bild 137). Unterirdische Gänge im Querschnitt breiter als hoch (Bild 138).

Hinweise:
Wühltätigkeit des Maulwurfs bei der Anlage seiner Gänge und bei der Futtersuche.

Gegenmaßnahmen:
Der Maulwurf frißt Insektenlarven, Würmer, Nacktschnecken usw. Er ist daher zu den Nützlingen zu rechnen. Er unterliegt dem Artenschutz. Aus Rasenflächen kann er vertrieben werden, wenn man mit Petroleum getränkte Lappen in die Gänge legt.

Sonstige Krankheiten und Schädlinge: Schnakenlarven (S. 29), Schermaus = Wühlmaus (S. 32)

Bilder:

aid – Steinke: 20
BBA Berlin: 125
BBA Braunschweig: 6, 11, 12, 21, 22, 23, 24, 25, 26, 27, 28, 29, 30, 31, 32, 33, 34, 36, 37, 38, 40, 42, 43, 44, 45, 46, 48, 49, 52, 54, 55, 64, 65, 66, 67, 68, 73, 74, 77, 79, 80, 81, 82, 83, 84, 85, 86, 87, 88, 89, 90, 92, 93, 94, 95, 96, 111, 113, 117, 119, 126, 127, 128, 131, 132, 133, 134
BBA Darmstadt: 2, 4, 5, 7, 13, 14, 15, 16, 17, 18, 19, 39, 47, 53, 57, 71, 72, 76, 99, 101, 102, 109, 116
BBA Dossenheim: 103, 118
Henseler: 19a, 41, 114, 115
Hildenhagen: 3, 8, 9, 10, 75
Hommes: 50, 51, 56, 58, 78, 91, 97, 100, 104, 105, 107, 108, 110, 121, 130, 135
Maßfeller: 60, 98, 106, 112, 123
Pflanzenschutzamt Bonn: 69, 70, 120, 122, 124, 129
Schrameyer: 35, 59
Schröder: 1, 61, 62, 63, 136, 137, 138

Auskunftsstellen für den Pflanzenschutz

- **Biologische Bundesanstalt für Land- und Forstwirtschaft**
  Messeweg 11–12,
  38104 Braunschweig,
  Telefon: 05 31/2 99-5

- Institut für Pflanzenschutz im Forst
  Messeweg 11–12, 38104 Braunschweig,
  Telefon: 05 31/2 99-46 01

- Institut für Pflanzenschutz im Gartenbau
  Messeweg 11–12, 38104 Braunschweig,
  Telefon: 05 31/2 99-4 401

Außeninstitute

- Institut für biologischen Pflanzenschutz
  Heinrichstr. 243, 64287 Darmstadt,
  Telefon: 06151/407-0

- Institut für Pflanzenschutz im Obstbau
  Schwabenheimer Str. 101,
  69221 Dossenheim,
  Telefon: 06221/8 68 05 00

Pflanzenschutzämter

Baden-Württemberg

- Landesanstalt für Pflanzenschutz
  Reinsburgstr. 107, 70197 Stuttgart,
  Telefon: 07 11/6 64 24 00

- Regierungspräsidium Karlsruhe
  – Pflanzenschutzdienst –
  Amalienstr. 25, 76133 Karlsruhe,
  Telefon: 07 21/9 26-37 07

- Regierungspräsidium Stuttgart
  – Pflanzenschutzdienst –
  Referat 34 P,
  Ruppmannstr. 21, 70565 Stuttgart,
  Telefon: 07 11/90 40-29 15

- Regierungspräsidium Freiburg
  – Pflanzenschutzdienst –
  Bertoldstr. 43, 79098 Freiburg,
  Telefon: 07 61/2 08-13 02

- Regierungspräsidium Tübingen
  – Pflanzenschutzdienst –
  Konrad-Adenauer-Str. 20, 72072 Tübingen,
  Postfach 2666, 72016 Tübingen,
  Telefon: 0 70 71/7 57-0

Bayern

- Bayerische Landesanstalt für Bodenkultur und Pflanzenbau
  – Abteilung Pflanzenschutz –
  Menzinger Str. 54, 80638 München,
  Telefon: 0 89/1 78 00-0

Berlin

- Pflanzenschutzamt Berlin
  Mohriner Allee 137, 12347 Berlin,
  Telefon: 0 30/70 00 06-0

Brandenburg

- Landesamt für Ernährung und Landwirtschaft
  – Pflanzenschutzdienst Brandenburg –
  Ringstr. 1010, 15236 Frankfurt/Oder
  Postfach 379, 15203 Frankfurt/Oder,
  Telefon: 03 35/5 46 32 42

- Amtliche Pflanzenbeschau
  Buschmühlenweg 70, 15230 Frankfurt/Oder
  Telefon: 0335/52 16 80

Bremen

- Pflanzenschutzdienst Bremen
  Große-Weide-Str. 4–16, 28195 Bremen,
  Telefon: 04 21/3 61-25 75

Hamburg

- Institut für Angewandte Botanik
  – Pflanzenschutzamt –
  Marseiller Str. 7, 20355 Hamburg,
  Postfach 302762, 20309 Hamburg,
  Telefon: 0 40/41 23-23 59,
  Beratungstel. (Hr. Schering):
  Telefon: 0 40/41 23-23 52

Hessen

- Hessisches Landesamt für
  Regionalentwicklung und Landwirtschaft
  – Pflanzenschutzdienst –
  Frankfurter Str. 69, Gebäude B 5
  35578 Wetzlar,
  Telefon: 0 64 41/92 89-0

- Hessisches Landesamt für
  Regionalentwicklung und Landwirtschaft
  – Pflanzenschutzdienst –
  Am Versuchsfeld 17,
  34128 Kassel-Harleshausen,
  Telefon: 05 61/98 88-452

Mecklenburg-Vorpommern

- Landespflanzenschutzamt
  Mecklenburg-Vorpommern, Sitz Rostock
  Graf-Lippe-Straße 1, 18059 Rostock,
  Telefon: 03 81/4 92 26 64

Niedersachsen

- Landwirtschaftskammer Hannover
  Regierungsbezirke Braunschweig,
  Hannover und Lüneburg
  – Pflanzenschutzamt Hannover –

Wunstorfer Landstraße 9, 30453 Hannover,
Telefon: 05 11/40 05-0

- Landwirtschaftskammer Weser-Ems
  Regierungsbezirk Weser-Ems
  Institut für Pflanzenschutz und Pflanzenbau
  Sedan-Straße 4, 26121 Oldenburg,
  Telefon: 0441/801-0

Nordrhein-Westfalen

- Landwirtschaftskammer Rheinland
  Regierungsbezirke Düsseldorf und Köln
  – Pflanzenschutzamt mit Referat für forstlichen Pflanzenschutz –
  Siebengebirgsstr. 200, 53229 Bonn,
  Telefon: 02 28/4 34-0

- Landwirtschaftskammer Westfalen-Lippe
  Regierungsbezirke Arnsberg, Detmold und Münster
  – Institut für Pflanzenschutz, Saatgutuntersuchungen und Bienenkunde mit Referat für forstlichen Pflanzenschutz –
  Nevinghoff 40, 48147 Münster/Westf.,
  Postfach 5980, 48135 Münster,
  Telefon: 02 51/23 76-6 26

Rheinland-Pfalz

- Landesanstalt für Pflanzenbau und Pflanzenschutz Rheinland-Pfalz
  Essenheimer Str. 144, 55128 Mainz,
  Telefon: 0 61 31/9 93 00

Saarland

- Landwirtschaftskammer für das Saarland
  – Pflanzenschutzamt Saarbrücken –
  Lessingstr. 12, 66121 Saarbrücken,
  Telefon: 06 81/6 65 05-37

Sachsen

- Sächsische Landesanstalt für Landwirtschaft
  Fachbereich Integrierter Pflanzenschutz Dresden
  Stübelallee 2, 01307 Dresden,
  Telefon: 03 51/44 08 30

Sachsen-Anhalt

- Landespflanzenschutzamt Sachsen-Anhalt Halle,
  – Sitz Magdeburg –
  Zum Waldsee 1, 39114 Magdeburg,
  Telefon: 03 91/2 56 90

Schleswig-Holstein

- Amt für ländliche Räume
  – Abt. Pflanzenschutz –
  Westring 383, 24118 Kiel,
  Telefon: 04 31/8 80-13 02

Thüringen

- Thüringer Landesanstalt für Landwirtschaft
  Sachgebiet Pflanzenschutz
  Naumburger Str. 98, 07743 Jena
  Telefon: 0 36 41/68 30

Literatur (Auswahl)

Berling, R.: Nützlinge und Schädlinge im Garten. München: BLV Verlagsgesellschaft 1998.

Crüger, G.: Pflanzenschutz im Gemüsebau. Stuttgart: Ulmer Verlag 1991.

Hassan, S.A., R. Albert und W.M. Rost: Pflanzenschutz mit Nützlingen im Freiland und unter Glas. Stuttgart: Ulmer Verlag 1993.

Heddergott, H., Th. Kock: Gärtners Pflanzenarzt – Blumen, Zierpflanzen, Landschaft. Münster-Hiltrup: Landwirtschaftsverlag 1996.

Henseler, K.: Der Pflanzendoktor für den Hausgarten. München: BLV Verlagsgesellschaft 1992.

Heddergott, H., E. Meyer: Taschenbuch des Pflanzenarztes. Münster-Hiltrup: Landwirtschaftsverlag 1996.

Kreuter, M.-L.: Biologischer Pflanzenschutz. München: BLV Verlagsgesellschaft 1997.

Kreuter, M.-L.: Pflanzenschutz im Bio-Garten. München: BLV Verlagsgesellschaft 1996.

Michel, H. G., H. Umgelter, F. Merz: Pflanzenschutz im Garten. Stuttgart: Ulmer Verlag 1991.

Schmid, O., S. Henggeler: Biologischer Pflanzenschutz im Garten. Stuttgart: Ulmer Verlag 1990.

Stahl, M. u.a.: Pflanzenschutz im Zierpflanzenbau. Stuttgart: Ulmer Verlag 1993.

Steiner, H.: Nützlinge im Garten. Stuttgart: Ulmer Verlag 1994.

Weitere aid-Medien

Obst
aid-Heft

Obst gehört zu einer abwechslungsreichen gesunden Ernährung unbedingt dazu. Das Informationsheft beschreibt ausführlich Kern-, Stein- und Beerenobst sowie Wildfrüchte und Schalenobst. Auch die vielfältigen Obsterzeugnisse kommen nicht zu kurz. Die Bedeutung von Obst für die Ernährung wird beschrieben, Aspekte des Verbraucherschutzes berücksichtigt, und Hinweise für den richtigen Umgang mit Obst im Haushalt werden gegeben. Eine Nährwerttabelle rundet das Heft ab.

Bestell-Nr. 1002
Heft, 52 Seiten

Gemüse
aid-Heft

Je frischer ein Gemüse, um so höher sein Vitamingehalt. Wie frisches Gemüse beim Einkauf zu erkennen und worauf sonst noch zu achten ist, vermittelt das aid-Heft „Gemüse". Hauptteil der Schrift ist die warenkundliche Beschreibung von über 50 Gemüsearten, von Artischocken bis Zwiebeln. Ferner werden Aspekte des Verbraucherschutzes behandelt sowie Tips für Einkauf, Vor- und Zubereitung. Darüber hinaus werden die wichtigsten Kulturspeisepilze und Wildgemüsearten vorgestellt.

Bestell-Nr. 1024
Heft, 52 Seiten

Obstbaumschnitt im Kleingarten

Videofilm

Ein fachgerechter Obstbaumschnitt entscheidet maßgeblich über den Ertrag eines Baumes und über die Qualität der geernteten Früchte. Durch einen zweckmäßigen Kronenaufbau im Jugendstadium werden die Voraussetzungen für einen frühzeitigen Ertragsbeginn und eine über viele Jahre reichende Leistung angelegt. Eine gut gelichtete Krone ist weniger anfällig gegen Krankheiten und Schädlingsbefall. Der Videofilm beschreibt die Gesetzmäßigkeiten des Wachstums am Pflanzschnitt, der Oberseiten-, Scheitelpunkt- und Basisförderung. An den Beispielen Apfel, Birne, Süß- und Sauerkirsche werden Anleitungen zur Durchführung von Pflanz- und Instandhaltungsschnitt gegeben.

Bestell-Nr. 8893
VHS-Videofilm, 21 Minuten

Garten als Lebensraum

aid-Heft

Der Garten ist wohl die älteste Form der vom Menschen geprägten Natur. Ein Garten wächst langsam und ist meist erst in einigen Jahren das, was er sein soll: Lebensraum für Mensch, Tier und Pflanze, ein Stück gestaltete Natur. Die Anlage eines Gartens erfordert genaue Planung und einen nicht zu unterschätzenden Anteil körperlicher Arbeit.
Alles zur Anlage und Pflege eines naturnahen Gartens kann dem Heft „Garten als Lebensraum" entnommen werden:
Schwerpunkte sind die Auswahl der Pflanzen, die Pflanzenernährung und der Pflanzenschutz. Auch die richtige Anlage eines Gartenteiches oder die Bedeutung von Trockenmauern werden beschrieben und durch Bilder und Zeichnungen dargestellt.

Bestell-Nr. 1193
Heft, 40 Seiten

Bestellung

aus Deutschland:
aid, Konstantinstraße 124, D-53179 Bonn, Fax: (0228) 9 52 69 52, E-Mail: aid@aid.de
aus Österreich und Südtirol:
ÖAV, Sturzgasse 1a, A-1141 Wien, Tel.: (Wien) 9 81 18-2 22, Fax: -2 25, E-Mail: buch@agrarverlag.at
aus der Schweiz:
Qualisan Institut, CH-1784 Courtepin/FR, Tel.: 026-6 84 27 25, Fax: -26, E-Mail: biodeco@bluewin.ch

Kunden-Nummer (falls vorhanden)

Name

Firma

Straße

PLZ/Ort

Telefon Fax

Ich (Wir) bestelle(n) für einen **Mindest-Auftragswert von 10,00 DM** zuzüglich Porto und Verpackung gegen Rechnung (Angebotsstand: November 1998):

Best.-Nr.	Titel	Medium	Anzahl	Einzelpreis DM	Gesamtpreis DM
1002	Obst	Heft		4,00	
1024	Gemüse	Heft		4,00	
1193	Garten als Lebensraum	Heft		3,00	
7151	Den Garten erleben	Diaserie		120,00	
8413	Obst und Gemüse aus dem eigenen Garten	Videofilm		29,95	
8893	Obstbaumschnitt im Kleingarten	Videofilm		35,00	
1030	Biologische Schädlingsbekämpfung	Heft		4,00	
1042	Vorsicht beim Umgang mit Pflanzenschutz- und Schädlingsbekämpfungsmitteln	Heft		3,00	
1213	Pflanzenschutzgeräte für den Haus- und Kleingarten	Heft		2,00	
1229	Gesunde Rosen	Heft		4,00	
1375	Bodenpflege, Düngung, Kompostierung	Heft		4,00	
				Auftragswert	

Die jeweils gültigen Lieferbedingungen finden Sie in den aktuellen Bestell-Verzeichnissen, die wir Ihnen gerne zusenden. Für Österreich, Südtirol und die Schweiz gelten gesonderte Lieferbedingungen.

Bitte senden Sie mir (uns) kostenlos und unverbindlich:

☐ **aid-Bestell-Verzeichnisse** (erscheinen monatlich)

☐ **aid-Medienkatalog** (erscheint jährlich)

Datum Unterschrift

1162/1999